BY
**Various
Workers**

---

bott|epress

판을 짜는 사람들의
단단한 기획 노트

영감을 잔뜩 수집했다면 이제는 실행할 차례입니다.
그간 얼기설기 모아온 인사이트를 업무 계획 사이사이에
녹이고 결과물을 완성해 짠! 하고 세상을 놀라게 하는 겁니다.
물론⋯ 아무 일도 일어나지 않을 수 있어요. 매출도, 사람들의
반응도 그저 그럴지 몰라요. 하지만 내 세계는 달라져 있을 테고
그 경험을 재료 삼아 새 반죽을 하러 일어나는 순간을 우리는
성장이라고 부릅니다. 이 과정을 반복해 단단해진 사람은
아이디어가 머릿속에만 맴돌 때 어떻게 발산하는지 궁금했습니다.
자기 의심이 찾아올 때 방향 판단의 기준이 있는지, 초조함을
무릅쓰고 내 속도를 유지하는 법은 무엇인지도요.

마감일을 정해 역순으로 해야 할 일을 쪼개고, 각 담당을 섭외해
스케줄을 맞추고, 시각화할 레퍼런스 찾고, 예산 편성하고,
단계마다 컨펌까지, 생각한 것을 현실로 만드는 기획 일은
참 고단한 여정입니다. 그에 대한 회의가 오래 쌓였을 때 다른
포지션으로 이동해 결과물을 받아 이후의 일을 진행시킬 기회가

있었습니다. 의외로 프로젝트의 시작점에 관여할 수 없다는 게 고통이더라고요. 어디선가 판을 짜고 있는 여러분, 이제 발을 뺄 수 없는지도 모릅니다. 그렇다면 재밌게 해야죠. 놀랍도록 흥미로운 판을 세련되게 짜는 기획자들을 바라보면서요.

워커스 라운지 2권, 『판을 짜는 사람들의 단단한 기획 노트』에는 콘텐츠 제작, 플랫폼 운영, 디자인, 그림 창작, 미디어커머스 디렉팅, 출판, 온오프라인 커뮤니티 운영, 부동산 공인중개라는 판을 짜고 실행하는 사람들의 일하는 법을 모았습니다. 인생 쓰다 흑흑 울다가도 담담히, 부지런히 할 일을 하는 동료들의 이야기를 들으러 오세요. ☺

편집장 **주소은**

CONTENTS

201 콘텐츠 제작자가 벌일 수 있는 제일 재밌는 판 ▸ 고선영

202 에디터가 플랫폼이 되면 벌어지는 일 ▸ 김세나

203 클라이언트와 일하는 작업자를 위한 체크리스트 ▸ 마담롤리나

Members' Lounge

내가 안전하기를 바라는 마음으로, 차 명상과 녹차 ▸ 김현경

CONTENTS 2

204 가루와 반죽 † 김미래

205 여행 콘텐츠 기획자가 코로나19 이후 시작한 일 † 최경희

206 아트북페어 D-100 † 오이웍스

207 영감을 받았으면 실행할 차례! † 김영미

208 지금 가장 간절한 휴식의 풍경 † 버닝피치

Members' Lounge

내가 생각해도 정말 열심히,

멋지게 해낸 날을 위한 하프 보틀 샴페인 † 류예리

209 커뮤니티를 운영해보고 싶으세요? † 신지혜

210 취향껏 살고 싶은 사람을 위한 안내자 † 전명희

고선영 @iiinjeju
제주 기반 콘텐츠 그룹 '재주상회' 대표이자 어반플레이와의 합작 프로젝트 '로컬리지' 공동대표. 여행기자 경력을 바탕으로 2014년 매거진 「iiin」 창간 후 콘텐츠 제작 협업, 작가 에이전시부터 디자인 브랜드 'iiin Things'와 로컬 콘텐츠 편집숍 'iiin Store 탑동/중문', 콘텐츠 저장소 겸 카페 '사계생활', 제주 식(食)문화 연구소 'iiin Table: 사계부엌' 기획·운영까지 프로젝트 범위를 넓혀가고 있다. 앞으로도 지역 음식 문화 경험과 브랜드 재생 등 재밌는 일을 계속 벌일 예정이다.

콘텐츠 제작자가 벌일 수 있는 제일 재밌는 판

콘텐츠 회사라는 정체성을 잊은 적이 없어요. 우리가 공간을 필요로 할 때는 저기서 뭘 할까가 아니라 콘텐츠를 경험하게 하기 위해서 어디서 보여줄까인 거죠. 그런 면에서는 도시 재생이 아니라 브랜드 재생에 관심이 많아요. 우리가 모든 걸 할 순 없으니 좋은 협업의 구조를 가지고, 실제화되고, 좋은 사람과 연결되는 게 중요해요.

콘텐츠 제작자가
벌일 수 있는 제일 재밌는 판

2020년, 눈에 담은 가장 아름다운 풍경은 제주 사계리에서 열린 '산방산 아트앤북페어'였습니다. 제주로서는 드물게 바람 한 점 없이 화창한 날이었고 밭에서 익어가는 귤을 도시사람답게 휘둥그레 쳐다보며 도착했죠. 가이드로 나선 '마을 삼촌'과 함께 곳곳을 산책하러 떠나는 사람들을 지나 도착한 곳에는 전국 각지의 책방이 큐레이션한 책들, 레시피북 저자의 요리 클래스, 청년농부들의 마켓이 기다리고 있었습니다. 좋은 친구를 소개받는 기분으로 책을 들춰보고 고르고는 바닷가까지 걸어가 그림작가 23인의 작품이 전시된 '작가의 방'에 들어섰어요. 커다란 창 너머로 바다와 형제섬이 보이는 공간에서 바람 따라 살랑이는 수십 점의 작품을 보며 얼마나 황홀했는지 모릅니다. '산방산 신기하게 생겼네' 하고 지나쳤을 마을에 머물며 곳곳을 경험하게 한 콘텐츠 그룹 '재주상회'에 감사한 마음을 지닌 채 이 판을 벌인 고선영 대표를 만났습니다.

◆ **매거진 「iiin」과 재주상회가 아니었다면 저는 제주에서 여태 경험한 것의 절반도 하지 못했을 거예요. 제주라는 지역을 소개하는 매거진이 이토록 다양한 프로젝트로 진화할 수 있었던 흐름이 궁금합니다.**

그때그때 '지금쯤 우리가 이 일을 해야 돼' 싶은 것을 부지런히 해왔어요. 미리 계획을 철저히 세워두는 스타일이 아니라서 예상대로 흘러오지는 않았습니다. 평소 예민하게 뭘 하면 좋을지 촉을 세우고 있었고, 취재를 하거나 협업하며 만나는 사람들과의 대화 속에 영감을 얻는 순간이 쌓여서 일어난 일들이에요. 회사를 운영하는 사람이라면 세상을 호기심 가득한 눈길로 바라보다가 그 안에서 지금 우리만 딱 할 수 있고, 해야 하는 일을 알아채는 능력이 필요합니다.

물론 그게 늘 재미난 일이 아닐 수도 있어요. '공간을 오픈할 거야' 하면 되게 재밌을 거 같지만 준비하는 과정은 번거롭고 지루하거든요. 그 과정에서 나의 동료들이 힘들어할 수도 있고요. 그래서 많은 종류의 프로젝트를 진행해도 '우리가 이것을 통해 뭘 하려고 했는지' 기억하는 것이 중요합니다. 공간을 연다는 것에만 목적을 두면 중간에 흔들리기 쉬워요. 하지만 가야 할 곳을 알면 길을 잃지 않을 수 있고, 돈도 아낄 수 있습니다.

❢ **재주상회가 하는 일을 보면 매거진, 전시, 식공간 등 분야는 다양하지만 일관된 메시지를 전송하고 있다고 느껴요. 그게 방향성을 염두에 두고 있어서 가능한 일인가요?**

여행기자 초년생일 때 실수를 많이 했었죠. 여러 가지 담고 싶고, 취재처 나가보면 또 다른 얘기가 있고 하니까. 명료한 목적을 잃지 않고 글 한 편 완성하는 것을 그때 몸에 익혔어요. 그게 어떤 일을 하든 적용되더라고요.

『제주 여행의 달인』이라는 책을 쓸 때쯤 제주 붐이 일었어요. 처음에 갔을 때는 게스트하우스가 제주 전역에 열 개 남짓이었는데 올레길 걷기가 유행하면서 우후죽순 생겼습니다. 그때 7코스 근처에 숙소를 연 상황을 예로 들어볼게요. 당시 제주는 대중교통이 지금보다 더 불편했고 올레길 오는 사람들은 차를 렌트하지 않는 경우가 많기 때문에 8코스, 9코스에서 사람들을 픽업했습니다. 공간에 머무르게 하기 위해 서비스를 제공한 거죠. 시작은 좋은 마음이었는데, 게스트하우스가 너무 많이 생기는 바람에 숙박비가 1~2만 원까지 떨어졌어요. 그런데 택시비로 따지면 3~4만 원 되는 서비스를 계속 제공하고 있는 거예요. 또는 더 나은 숙소가 되기 위해서, 돋보이기 위해서 현실감을 잃고는 유명 건축가가 건물을 짓고, 구스다운 이불을 제공하는 경우도 있었어요. 그러고는 하루 숙박비를 2만 원 받는 일이 반복되면 어떤 숙소를 왜, 어떻게 운영하려고 했는지 잊게 됩니다. 오래 못 가죠. 이런 경우를 많이 목격하면서 제 일을 하면서는 샛길로 빠지지 않기 위해 자주 점검하게 됐어요. 매거진을 만들더라도 '내는 것'이 목표가 아니라 '어떻게 낼 건지'가 중요하니까요.

🍋 **관찰과 경험을 통해 마인드가 세팅되는 과정이네요. 매거진, 어떻게 내는 걸 목적으로 했나요?**

만드는 사람이 즐겁고, 우리가 만드는 콘텐츠로서 소비되는 당사자가 즐겁고, 콘텐츠를 탄생시킨 지역에 긍정적인 영향을 미쳐야 한다는 것이요. 과정의 디테일을 챙기다 보면 더 느리거나 중간에 그것 때문에 힘든 순간이 올 수 있지만 길게 보면 방향이 잡혀요. 만약 그걸 챙기기가 너무 힘들면? 그 일은 안 하면 됩니다.

> **그 덕분일까요? 분명 실무의 면면은 고단할 텐데도 사계리에서 일어나는 일이 즐거울 것 같아요. 공간이 주는 에너지도 있을까요?**

그렇죠. 사계리 참 좋아요. 왜 사계리인지 질문을 많이 들었지만, '사계리'여야 하는 이유는 없었습니다. 처음 내려왔을 때 제주시에 살고 싶지 않아서 서귀포에 집을 알아봤고 아주 우연히 대평리에 정착을 했어요. 재주상회 사무실이 여섯 번이나 이사를 했는데, 대평리 집 밖거리(바깥채의 제주 방언)에 세 들었다가 사계리에 사는 지인 집 밖거리로 갔다가, 신식 건물도 갔다가 지금 사계생활 2층으로 오게 된 거예요. 우연이 가진 힘도 있었고, 그저 우리와 잘 맞는 마을에 있고 싶었을 뿐이에요.

대평리에서 사계리로 사무실을 옮겼던 건 집과 회사가 너무 가까운 게 싫어서였어요. 저는 집에서 회사까지 가는 길이 소중하거든요. 할 일을 머릿속으로 정리하는 게 출근길 루틴인데 너무 가까우면 제정신이 아닌 상태로 몸이 이미 출근해 있더라고요. 회사에 와서 '그래서, 오늘 뭐 해야 했더라?' 싶은 게 싫어요. 대평리에서 사계리까지 차로 7분인데, 그것도 너무 가까워서 지금은 중문으로 이사했어요. 차로 20분? 그러니까 회사까지 오는 데 걸리는 시간이 딱 좋아요.

🖋 **그걸 조절할 수 있다는 게 되게 좋은데요? 제주라서 더 유연하게 조절이 가능한 거 같아요. 서울에서는 강남에 있는 회사 다닐 때 너무 힘들었는데 집값 때문에 가까이 갈 수도 없었거든요. 저 같은 도시생활인은 아직도 제주에서 일하면 구체적으로 뭐가 좋은지 궁금합니다.**

매일매일 눈에 보이는 것들이 사람한테 중요하잖아요. 서울에서는 길을 걸을 때 눈에 보이는 게 전부 '부의 기준' 같았어요. 자동차, 근무하는 건물, 사는 동네… 그걸 나의 현재 상태와 비교하느라 행복하지 않았어요. 그리고 빌딩숲에 있다가 매일 나무가 울창한 진짜 숲과 밭에서 일하는 사람을 보면 마음이 순해져요. 지금 회사에서 바다까지 5분도 안 걸리는데, 올해 바다에 한 번도 안 들어갔지만 늘 눈에 보이지요. 언제라도 갈 수 있는 숲과 바다가 있으니 안 들어가도 좋아요.

🖋 **그럼 도시 탈출을 위해 제주에 가서 매거진을 내자, 가 된 건가요?**

아뇨, 처음에는 매거진 낼 생각이 전혀 없었어요. 중앙M&B랑 더트래블러에서 기자 생활하면서 종이 매체를 유지하기가 얼마나 어려운지 너무 알게 됐죠. '어우 아니야 저건' 그랬습니다. 「프라이데이」라는 여행지 하나만 해도 기자만 열두세

명, 광고팀도 십여 명… 그 사람들 다 먹고살아야 되는데 적자가 쌓이는 게 눈으로 보였어요. 판매로 지속 가능하려면 주당 몇만 부는 팔아야 되는데 말이죠!

❗ 월도 아니고 주당요?

주5일제 정착되고 생긴 주간지였거든요. 그 치열함을 봤으니 엄두가 안 날 수밖에요. 2011년에 제주 넘어가서는 2년 넘게 여행자의 신분으로 살았어요. 책 내고 글 써서 먹고사는 데 지장은 없었어요.

❗ 제주에 살다가 다른 곳으로 또 이주할 가능성도 염두에 뒀었지요? 정착의 계기는요?

2013년에 전세 계약이 끝나면서 여기 더 살 건지 떠날 건지 결정해야 하는 타이밍이 왔어요. 그때까지만 해도 부산 달맞이고개 뒤쪽에 있는 오래된 맨션에 꼭 살고 싶었기 때문에 부산으로 이사할까 고민이 됐습니다. 그런데 왠지 모르게 당장 떠나기는 조금 아쉽기도 했고, 내가 언제까지 여기 살 수 있을까, 그럼 일을 본격적으로 해볼까 생각하게 됐죠. 제주 여행자가 늘어날 때니까 카페를 열어볼까 싶기도 했는데 살갑게 손님 맞이할 재능이 없어서 못했고요.

여행기자와 여행작가로 살며 정말 많은 여행지를 다녔는데 호텔, 리조트, 게스트하우스 등 숙박업소에 가면 늘 로컬매거진이 꽂혀 있었어요. 제주는 이렇게 사랑받는 여행지인데, 제주일보 말고 제주 사람들의 라이프스타일을 얘기하는 매거진은 왜 없지? 싶었습니다. 뭐 눈에는 뭐만 보인다고 어디 가면 우리 같은 사람들은 출판물만 보고 있잖아요. 그 오랜 습관 때문에 하던 생각을 2013년에 진지하게 하게 된 거예요. 그 해가 제주 여행자 1천만 명 넘어선 해거든요. 단일 여행지로 천만 명 넘어선 건 대단한 일이에요. 2019년엔 1400만 명을 넘었지요. 하와이나 오키나와랑 자주 비교되는데 하와이는 2019년에야 1000만 명을 넘었어요. 오키나와도 인구는 제주보다 훨씬 많은데 여행자 수는 하와이랑 비슷합니다.

다른 데로 갈 것인가, 남아서 내가 해야 될 거 같은 이 일을 할 것인가 고민하다가 일단 시작해보자는 쪽으로 마음이 기울었어요. 글은 내가 쓰고 사진은 사진기자였던 남편(제주상회 공동창업자)이 찍으면 되겠다, 디자인은 예전에 인연이 있었던 김은정 디렉터에게 맡겨야겠다 했죠. 『당신에게, 제주』라는 책을 썼을 때 디자인을 맡아줬는데 좋은 기억이 남았었거든요. 처음엔 제주에 사는 유명 매거진 출신의 디자이너에게 의뢰했는데 그는 우리가 망할 거 같아서 싫다고 했어요.(웃음) 다른 많은 사람들도 저에게 망할 거라고 했고요. 누가 지역지를 돈을 주고 사냐고. 으이씨 하면서 오기로 만들게 됐어요. 처음에 우리가 글과 사진을 맡으니까 인건비 세이브한다 치고, 디자인비랑 인쇄비만 생각하면 1년에 네 번 나오는 계간지, 1년에 4천만 원이 채 안 들잖아요. 그 정도는 안 팔려도 다른 일을 병행해서라도 감당할 수 있다, 하자, 해서 시작했습니다.

기자 고선영일 때와 대표 고선영일 때 어떤 점이 제일 다른가요?

100% 사람이죠. 사람 때문에 고민하는 시간이 엄청 늘어요. 일할 때는 마감해야 되니까 칼같이 할 수 있는데 기본적으로 다른 이에게 냉정한 지적 같은 걸 못해요. 선배라면 후배가 일 못할 때 뭐라고 할 수도 있겠죠? 작은 회사의 대표가 되면 그런 말이 더 어려워요. 대기업만큼 연봉 주지도 못하는데.

좋은 대표가 되고 싶은 마음에 좋은 선배의 포지션으로 동료들을 대했어요. 보듬고, 기댈 수 있게 하고, 부족한 부분이 있으면 채워주려고 하고. 그런데 그 생각이 잘못 됐더라고요. 좋은 대표는 그런 게 아니라 하루도 월급을 밀리지 않고 줘야 되고, 올려줘야 할 때 올려줄 수 있어야 되고, 긍정적인 비전을 제시할 수 있어야 해요.

지금은 직원들과 굳이 시시콜콜 사적인 얘기를 하지 않으려고 해요. 개인사를 아는 게 중요한 게 아니라는 걸 알게 됐어요. 어느 상황에나 이게 적용되는 것은 아니고, 회사가 성장하는 과정에서 구분해야 하는 시점이 오는 거죠.

처음에는 그게 자연스러웠을 거 같아요. 의도한 것도 아니고요.

맞아요. 그냥 동네 친구들 모아 가볍게 시작한 거였으니까요. 지금은 법인 2개에, 구성원이 스무 명 정도 돼요. 콘텐츠팀, 사업기획팀, 미디어팀, 경영지원팀으로 나뉘어 있어요. 열 명까지는 하나하나 조율할 정도로 눈에 보이다가 열 명 넘어서면 안 보이는 부분이 생기더라고요. 꼭 다 보여야 하는 건 아닌데, 조직에 문제가 생겼을 때 이유나 상황을 못 알아채는 일이 생겨난다는 뜻이에요. 너무 힘들거나 너무 아니라고 생각하는 일이 있으면 얘기를 하라고 수시로 말합니다. 고치면서 가보자는 거예요.

사람 관리에서 각별히 신경 쓰는 부분이 있나요?

아무래도 난생 처음 대표가 된 거잖아요. 좋은 동료를 찾는 일에 시행착오를 많이 겪었어요. 다행스럽게도 지금은 매거진

「iiin」최정순 편집장을 비롯해 아트디렉터, 경영지원 팀장 등 오랫동안 함께한 친구들과 잘 맞춰온 것 같아 안정감이 들어요. 지금 재주상회는 문제가 생기면 빠르게, 정식으로 공유하고 있어요. 기본 성향이 불만이 많거나 불만을 쌓아놓고 뒤에서 말하거나 이기적인 사람과는 빨리 헤어지는게 나아요. 자신의 능력을 과하게 포장하고는 상황이 나빠지면 도망가는 사람, 자신의 일을 남에게 떠넘기거나 책임을 남에게 돌리는 사람, 집안 일을 회사로 끌고와서 동료들을 힘들게 하는 사람은 조직 운영에 있어 최악이에요. 안타까운 것은 그런 사람은 본인이 동료들에게 피해를 끼친다는 것을 전혀 몰라요. 작은 조직은 한두 명으로도 크게 영향을 받을 수 있어 주의 깊게 살펴야 해요.

동료들과 친해지면 부정적인 피드백은 하기가 힘들더라고요. 좋은 사람병에 걸렸나 싶어요.

입사한 친구들에게 자주 하는 이야기는 '일로 만난 사이는 일을 하자'는 거예요. 사랑과 우정을 쌓는 건 좋은데, 그걸 먼저 하려고 하지 말고 일부터 하자. 내가 제대로 일을 하고 나서 좋은 동료가 있고 좋은 팀이 있는 거라고 생각해요. 마찬가지로 회사도 좋은 회사병에 걸리면 안돼요. 퇴근 후 운동비 지원도 너무 좋지만, 그보다 먼저 여기서 하는 일 자체가 구성원에게 만족감을 줄 수 있는 게 좋은 회사라고 생각해요. 그 안에서 스스로 성장하는 데서 만족을 느끼는 것이요. 직원들이 지금도 불만이 있을 수 있겠죠? 하지만 대표인 제가 이런 고민을 하는 것과 안 하는 것은 결과에 있어 큰 차이를 불러 올 거예요.

> **이 책의 디자이너이기도 한 김은정 작가가 재주상회의 아트디렉터로 함께 일하고 있지요? 서울과 제주로 떨어져 있는 상태로 원거리 근무를 7년이나 한 게 놀라워요. 코로나 이후 따로 또 같이 일하는 방식에 관심이 급속도로 늘고 있기도 하고요.**

계간지 마감하는 세 달에 한 번만 제주로 출장을 오고, 다른 마감이나 프로젝트 진행은 원격으로 해요. 불편한 부분은 물론 있습니다. 얼굴 보고 빨리 결정할 게 있으니까요. 하지만 좋은 사람과 일할 수 있다면 언제 어디서 일하든 상관 없다고 생각하고 있고 앞으로도 확대할 거예요. 사업기획 팀장도 출산 때문에 재택 근무를 시작했어요. 서로 신뢰를 주고 쌓는다는 게 전제고, 결과물로 보여줘야지요. 결과를 받아들면 얼만큼의 노력을 기울인 뒤에 가져온 것인지 보입니다. 제가 판단할 수 없는 부분은 중간 관리자가 신뢰하는 사람인지, 어떤 아웃풋을 보여주는지가 중요해지겠죠.

❓ 내가 짠 판 위에서 먹고살 수 있겠다고 생각하게 된 시기는 언제였나요?

그 생각한 거 정말 늦어요. 2018년 말쯤이에요. 창업의 원대한 꿈을 품고 회사를 시작한 게 아니었으니까요. 2014년에 창간하고 2016년까진 그럭저럭 행복했고, 2017년 넘어갈 때부터 연말이 우울했어요. 2018년에도 일하다 보니 하반기에 또 우울하고. 왜인지 모르다가 2019년으로 넘어가기 전에 다행히 답을 알아냈어요. 외주 일을 너무 많이 한 거예요. 그러니까 연말이 되면 더없이 불안해지는 거죠. '내년에 일이 없으면 어떡하지?' 하고요. 대기업과 콘텐츠 제작을 여러 건 진행하고 있었는데 일이 없어질까봐 불안한 것도 있지만 허탈해지기 시작했어요. 아무리 일을 멋있게 잘해도 재주상회 이름이 남지 않아서요. 그러지 않으려면 어떻게 할까 하다가 2018년 하반기에 외주 일을 대부분 거절하면서, 장렬히 큰 적자가 났어요. 대신 자체 브랜드 운영을 시작했죠. 인스토어 중문 오픈하고, 자체 브랜드를 만들고요.

그때 마침, 2018년 11월 11일 사계생활 오픈날 투자자를 만났어요. 우리는 단지 '외주 일 좀 그만해보자' 하고 시작한 일인데 '얘네가 콘텐츠를 오프라인에서 만나게 하는구나' 하면서 가능성을 발견해준 거예요.

❔ **로컬 기반 콘텐츠 회사가 투자를 받은 것도 특이해요. 받는 입장에서도 투자는 장단점이 있잖아요, 조력자를 얻기도 하지만 방향키를 온전하게 잡고 있기 어려울 수 있으니까요.**

그전에는 사업 계획이랄 게 없이 그때그때 필요한 일을 하는 조직이었어요. 다만 아까 얘기한 것처럼 뭘 해야 할지 자연스럽게 깨우쳐가며 하고 있었죠. 하는 일이 복잡해 보이지만 들여다보면 의외로 단순해요. "우리가 잘 알지 못했던 지역의 가치 있는 것을 매거진으로 발행하고, 그 매거진에 소개한 콘텐츠를 아주 다양한 방식으로 오프라인화한다." 독자는 매거진에 나온 제주 음식을 사계부엌에서 먹어보고, 인스토어에서 물건을 살 수 있고, 한림수직 오프라인 전시처럼 실제로 눈으로 보고, 매거진에 나온 사람과 만나는 자리도 갖는 거예요. 그러니까 기사를 만들고, 그 기사가 가장 적당한 방법으로 오프라인화되는 일을 하는 곳이 재주상회입니다. 투자해준 크립톤의 양경준 대표님은 그런 기업을 찾고 있는 참이었어요. 늘 궁금하거나 상의할 일이 있을 때 도움되는 말씀을 많이 듣고 있습니다.

❔ **좋은 파트너를 만나셨네요.**

2019년 3월과 7월에 각각 크립톤과 제주창조경제

혁신센터로부터 시드 투자를 받았어요. 큰 규모의 투자는 아니지만 투자를 받으니 눈치 볼 곳이 생겼고 이게 또 동력이 돼요. 저에겐 그런 것도 중요해요. 우리도 잘 몰랐던 가능성을 발견해 주었으니 재주상회가 좋은 기업으로 성장해서 좋은 비즈니스를 펼치는 게 알아봐준 분에 대한 예의라고 생각합니다. 그러면서 조직을 재정비하고 본격 비즈니스를 하는 회사가 되었어요.

코로나 영향은 좀 어떤가요?

오프라인 공간을 운영하고 있으니 당연히 안 좋죠. 아무리 좋은 콘텐츠를 준비하고 좋은 물건을 판다고 해도 우리 힘으로 바꿀 수 있는 게 없다는 것이 사람을 지치게 하더라고요. 중문은 중국인 관광객이 많이 오던 곳이라 제일 빨리 영향을 받았고, 사계리가 타격 입던 때는 정확히 기억이 나요. 3월 14일 화이트데이가 주말이었거든요. 주말마다 카페에 나와서 일을 하니까 꽃을 한아름 사와서 손님들께 한 송이씩 나눠줬어요. 다들 좋아하고 웃던 모습이 눈에 선한데, 그 다음주에 확진자 모녀가 제주에 다녀갔다는 뉴스가 나왔고, 그 다음 날부터 적막함이 흘렀습니다. 5월 초까지 회복이 전혀 안됐고, 그 두 달 사이에 엄청난 무기력을 느꼈어요. 매출이 적게 나오는 차원의 문제가 아니었어요. 언제 끝날지 모르는 이 상황에 개인의 힘으로 바꿀 수 있는 게 없다. 그것에서 우울감이 왔어요.

게다가 경제가 어려워지니까 기업들이 콘텐츠 제작에서 돈을 아끼기 시작해요. 당장 돈이 없는 게 아니겠지만 미래에 대한 불확실성 때문에 최대한 지출을 줄이는 거고, 인건비를 무턱대고 줄일 수는 없으니 외부로 나가는 비용 중에 특히 콘텐츠나 디자인처럼 없어도 돌아는 가는 것들을 줄이는 거예요. 그래서 우리처럼 여전히 콘텐츠 제작 대행이 큰 매출을 차지하던 곳이 직격타를 입었죠.

무기력을 느끼면서도 새로운 일들을 시작하셨죠.

코로나 때문에 크게 좌절했지만 동시에 그것 때문에 갈 길이 더 명확해지기도 했어요. 언제 끝날지 모르고 앞으로 또 올지도 모르는 상황 속에 재주상회가 나아가야 할 방향성에 대한 골똘한 탐구요. 어차피 해야 될 일인데 더 급한 일이 많아서 차일피일 미루고 있던 일이었죠. 그런 일들을 죄다 끄집어 내서 해치울 계기가 됐습니다. 우리가 앞으로 하고자 하는 일을 테스트 삼아 두 가지 프로젝트로 나누고 각각 크라우드펀딩을 받았어요. 하나는 와디즈에서 진행한, 매거진을 정기 구독하면 매 호마다 계절별 제주 로컬 푸드를 같이 받는 '계절제주', 또 하나는 텀블벅에서 진행한, 매거진을 정기 구독하면 매 호마다 자신이 선택한 일러스트레이터의 작품을 함께 받는 '작가의 방'입니다. 다행히 펀딩 성사됐고요. 계절제주는 앞으로도 확대할 지역 식문화 관련 사업 때문에 해본 것이고, 작가의 방은 계속 잘하고 싶고 우리가 해야 하는 일인 것 같아요. 다행히 공감해주는 분이 많아서 좋은 작가님들이 참여해주셨어요.

♀ 참여 작가 라인업이 화려하던데요! 저도 좋아하는 작가 있어서 후원했어요.

그쵸, 아시죠? 아직은 우리끼리만 아는 걸 수도 있지만요. 매거진은 의외성이 있잖아요. 어떤 게 실렸는지 모른 채로 받으니까 의외인 면이 있고 새롭지만, 구매할 만큼 좋아하는 그 매거진스러운 게 실려 있다는 건 또 보장되어 있어요. 매거진을 정기 구독했을 때 얻는 그 즐거움이 작가들의 작품에도 적용될 것 같았어요. 취향의 시대니까, 어떤 그림을 보고 좋아서 그 작가를 알게 되고, 다음 그림을 기다리게 되는 심리가 서비스로 작동하지 않을까? 해서 시작하게 됐어요.

우선은 제품 제작하고 유통하는 데 40%, 기획하고 진행하는 회사가 30%, 작가가 30%를 가져가도록 구조를 만들었어요. 작가들에게 계속 응원해주는 팬이 생기고, 이런 시장이 커졌으면 좋겠다는 의도예요. 망하지 않고 살아

남아서 계속 좋은 작가들과 협업하고, 파이 나눠 먹기가 아니라 수요층을 발굴하며 시장 자체를 키워가는 게 목표입니다. 혹시 실패하더라도 누군가는 해봐야죠. 회사 동료들이 이렇게 의미 있는 거는 또 열심히 해줘요. 주변 사업하는 사람들은 말렸는데요, 유일하게 저희 투자사에서만 멋지다고 응원해줬어요. 어렵다는 걸 왜 모르겠어요. 당장 돈이 되지 않는다는 것도 왜 모르겠어요. 그럼에도 도전해볼 만한 일이라고 생각해주시더라고요.

본격 비즈니스로 전환한 지 2년 정도 지났어요.

2019년 하반기부터 준비해서 2020년에 추가로 오픈한 게 '사계부엌'이에요. 여기는 규모가 작지만 공간 이상의 의미를 가져요. 로컬푸드 쪽으로 확장할 사업의 기반이 되는 곳이라서요. 계절제주의 성공적인 펀딩 이후, 앞으로는 제주 음식을 이용한 밀키트 론칭 등을 계획하고 있어요. 생산자에게 직접 공급받기도 하고, 레토르트 같은 것은 업체와 협업하면서요. 백숙 레토르트가 나올 건데, 제주 구엄리에서 자란 구엄토종닭 혹시 아세요?

제주에는 복날이 네 번이 있거든요. 일찍 더워지니까. 유월 스무날에 닭 잡아 먹는 날이 초복 중복 말복보다 더 중요하게 챙기는 날이라서 제주 사람들은 꼭 모여서 닭을 먹어요. 이렇게 제주가 가진 재밌는 콘텐츠를 예전과 다른 방식으로 체험하는 거죠. 지역을 구분할 때 식문화에서 차이가 가장 많이 나요. 그래서 푸드는 접근이 쉬운 것 말고도 매력이 있어요. 기회가 된다면 제주도에 제조 공장도 만들고 싶습니다.

농협이었던 공간을 리모델링해 '사계생활'이라는 카페 겸 스토어를 여셨잖아요. 옛것을 되살리는 것도 목표인가요?

재주상회가 몇몇 도시재생 프로젝트에도 참여하긴 하지만 오래된 유휴공간 살리기가 회사의 목표는 아니에요. 콘텐츠 회사라는 정체성을 잊은 적이 없어요. 우리가 공간을 필요로 할 때는 저기서 뭘 할까가 아니라 콘텐츠를 경험하게 하기 위해서 어디서 보여줄까인 거죠. 그런 면에서는 도시 재생이 아니라 브랜드 재생에 관심이 많아요. 한 지역에서 오래도록 있었는데 사라진 제조 브랜드가 많죠. 매거진에서 한림수직을 다뤘었고 곧 재생 프로젝트를 시작할 겁니다. 우리가 모든 걸 할 순 없으니 좋은 협업의 구조를 가지고, 실제화되고, 좋은 사람과 연결되는 게 중요해요. 숙소 사업도 도전할 예정이에요. 사계 산책 프로그램을 사람들이 좋아하더라고요. 마을 전체가 호텔이 되도록 서포트하고 싶어요.

- **지금까지 굴려온 일은 현재 머릿속 그림의 몇 퍼센트를 달성했나요?**

    10%쯤요. 계속 해야 할 일들이 눈에 보여요.

- **해야 할 일이니까 하자는 판단은 보통 어떻게 하시나요?**

    우리가 재밌겠다 싶은 일이 있으면 그냥 해요. 수익성 때문에 무작정 포기하지는 않습니다. 다만 우리가 하고 싶은데 지역에 도움이 되지 않으면 포기할 거예요. 지금까지 지역에 해로운 일은 하지 않았고요. 곧 다른 지역에서도 다른 콘셉트의 매거진을 창간할 겁니다. 그 말은 즉 그 지역의 콘텐츠를 발굴해서 경험으로 이어지는 판이 또 짜여질 거라는 뜻이에요. fin.

김세나 @publilancer

퍼블리랜서 운영자. 출판전문지 「기획회의」를 만드는 편집자, 이색서점 '세렌북피티' 운영자를 거쳐 현재는 출판하는 사람들을 위한 플랫폼을 만들어 출판전문가들을 연결하는 데 힘쓰고 있다. 출판 크리에이터 'BOOK쎄니'로 활동하며 경기문화재단, 파주북시티, 디지털북센터, 밀리의 서재, 리디북스, 북피알미디어, 경의선책거리 등이 진행하는 다양한 프로젝트에 참여한 바 있다.

에디터가 플랫폼이 되면

벌어지는 일

비공식적 네트워크에만 의존하는 정보 불균형 문제를 해결해보자 싶었고, '이들이 자신을 적극 홍보할 수 있는 공간이 있으면 어떨까?' 고민한 결과가 플랫폼이었어요. 외주 시장이 커지는 건 출판계뿐 아니라 고용 시장의 피할 수 없는 흐름이고, 양극화도 심화하겠죠. 인맥과 상관없이 퍼블리랜서를 통해 모두가 다양한 기회를 가질 수 있길 바랐습니다.

에디터가 플랫폼이 되면 벌어지는 일

1.

"이제 출판사 쪽으로는 눈길도 주지 않기로 했다. 그러니까 출판계 대나무숲도 이제 바이바이."

오늘도 한 출판 인재가 우리 곁을 떠났습니다. 이 판에서 완전히 나감(出)으로써 또 다른 '출판'을 해버린 걸까요. 누군가는 이 익명의 트위터를 보고 분한 마음이 들지도 모릅니다. 내가 먼저 나갔어야 했는데 한발 늦었군! 또 누군가는 자신의 처지를 비관할지도 모르죠. 너는 갈 데라도 있어서 좋겠다! 응원하는 마음의 소리도 들립니다. 그래, 한 살이라도 어릴 때 떠나는 게 답이지!

저도 비슷한 생각을 한 적 있습니다. 놀라셨나요? 새 판을 만들어가는 이의 어깨 뽕 들어간 이야기를 기대하셨다면 미안합니다. 하지만 호시탐탐 탈 출판을 노렸다는 제 고백은 사실입니다. 지질해 보일 수도 있지만 거짓말을 할 수는 없으니까요. 일이 고될 때도 많았거든요. 그런데도 여전히 왜 이 판에 남아 출판편집자에서 서점 주인으로, 서점 주인에서 프리랜서로, 프리랜서에서 플랫폼 운영자로 모습을 달리하며 살아가고 있는지 이야기해보려 합니다.

2.

저는 다른 일을 하다가 좀 늦게 출판 공부를 시작했어요. 서울북인스티튜트(sbi) 편집자 과정을 수료하고 나서 들어간 첫 직장은 출판전문지를 만드는 곳이었습니다. 처음에는 거기서 적당히 경력을 쌓아 다른 출판사로 이직할 생각이었죠. '출판의 꽃은 단행본'이라는 말이 있듯, 처음에는 다들 대형 출판사에서 유명 작가와 베스트셀러를 만드는 상상을 하잖아요. 저도 그랬던 거 같아요. 회사 이름이 내가 하는 일을 대변하는 건 아닌데 말이죠.

어쨌든 성공적인 이직을 위한 디딤돌 정도로 예상했는데, 막상 일하다 보니 출판전문지 편집자 경험은 큰 행운이었습니다. 출판 업계를 둘러싼 다양한 문제에 관심을 가지게 되었고, 출판인들의 희로애락을 가까이에서 지켜볼 수 있었죠. 그러면서 자신의 일을 소중히 여기고 즐기는 출판인들을 많이 만났어요. 이들이 무슨 생각으로 일하는지, 또 책을 중심으로 어떤 재밌는 일을 벌이고 있는지 들을 수 있었죠. 그러면서 함께 설레고 또 아끼는 마음이 생겼던 거 같아요. 원래 사람이 무언가를 가까이 오래 보다 보면 정이 싹트잖아요. 책을 좋아해서 편집자가 되었는데, 어쩌다 보니 책보다 책 만드는 사람들을 더 좋아하게 되었다고나 할까요. 누군가를 좋아하다 보면 그 사람을 열렬히 응원하고 작은 도움이나마 주고 싶어지듯 저도 그랬습니다. 출판인들이 안고 있는 여러 고민과 낙담을 보면서 제가 할 수 있는 일은 무엇일까 고민하게 됐죠. 출판계 카드뉴스도 만들고, 맞춤법 1인 방송을 진행하고, 고군분투하는 출판인들을 인터뷰해서 알리기도 했어요. 누가 시키지도, 월급을 더 주는 것도 아니었는데 그 시절 출판을 둘러싼 저의 일에는 분명히 재미와 보람이 있었습니다. 그런데 저와 비슷한 연차의 편집자들이 하나둘 출판계를 떠나는 걸 보고 어느 날 문득 퇴사를 결심했습니다. 출판인들이 겪는 문제 대부분이 궁극적으로 책이 잘 안 팔리는 데서 시작된 거 같았거든요. 시장이 커지지 않는 이상 좋은 책을 만드는 게 결국 제로섬 게임이라는 생각이 들더라고요.

3.
좋은 책을 만드는 사람은 주변에 차고 넘치니까, 나는 그 책을 한번 팔아보는 게 어떨까 싶어 새로운 시도를 궁리했어요. 종이책 독자가 줄고 있지만 그렇다고 해서 사람들이 '읽기' 행위 자체를 안 하는 건 아니잖아요. 오히려 전보다 다양한 형태로 더 많은 콘텐츠를 소비하죠. 책을 원래 좋아하는 사람이 아닌, 1년에 책을 한 권도 읽지 않는 이들이 책에 관심을 가지게 되고 구매도 하게 된다면, 출판 시장도 커지고 출판인들의 살림도 좀 나아질 수 있지 않을까 싶었습니다. 그래서 책이 서점에만 있어야 한다는 틀을 깨고 이색서점 세렌북피티를 열게 되었어요. 책과 함께 50여 종의 세계맥주를 큐레이션했고, 북&베드(book&bed)도 국내 처음으로 도전해봤죠.

손님들이 세렌북피티에 오면 물었어요. "여기 카페예요? 술집이에요? 서점이에요?" 저는 카페도 맞고, 서점도 맞고, 술집도 맞다고 했습니다. 부동산에서 재테크 관련 도서를, 미용실에서 뷰티 관련 도서를, 약국에서 건강 관련 도서를 팔면 어떨까요? 관심 있는 분야인데, 책도 사볼 수 있지 않을까요? 세상의 모든 곳이 다 서점이 될 수 있다고 생각했어요. 세렌북피티도 같은 맥락이었죠. 커피와 맥주는 정말 많은 분이 대중적으로 즐기잖아요. 커피나 맥주를 마시러 와서 우연히 책을 발견하고 살 수 있었으면 했어요. 책에 대한 접근이 쉬워야 궁극적으로는 출판 시장이 활력을 띨 수 있으니까요. 지금은 다행스럽게도 특색 있는 동네서점이 많이 생겼지만, 그때만 해도 오프라인 서점은 교보문고 같은 대형서점이나 참고서 위주의 지역서점이 대부분이었습니다.

'세렌디피티'는 뜻밖의 발견, 혹은 우연한 발견의 즐거움을 뜻해요. 우연히 집어 든 한 권의 책 덕분에 인생의 세렌디피티를 만날지도 모르죠. 그런 의미에서 서점명을 '세렌북피티'로 지었습니다. 도서 매출 대부분이 고객이 서점인 줄 모르고 들어왔다가 예상치 못하게 구매한 경우였던 걸 보면, 작은 시도였지만 나름대로 유의미했다고 생각해요.

4.

서점을 그만두고는 한동안 프리랜서로 활동했어요. 'BOOK쎄니'라는 퍼스널브랜드를 쌓아가며 각종 출판 프로젝트 기획은 물론 행사 진행까지 도맡아 했고, 출판계 밖에서도 다양한 일을 제안받았죠. 그런데 제가 프리랜서로 활동해보니 뜻밖의 고난이 몰려왔습니다. 그중에서도 제일 괴로운 건 프리랜서는 결코 프리하지 않다는 것과 직장 동료가 없으니 상의할 사람도 마땅치 않아 치열하게 외롭다는 사실!

다른 프리랜서 친구들의 사정도 마찬가지였습니다. 안정적이지 못한 수입에 어려움을 겪는 이들은 물론, 일해주고도 작업비를 못 받을까 봐 전전긍긍하는 이들이 너무 많더라고요. 인맥이 없으면 실력이 좋아도 손가락 빨고 있어야 하고, 작업비를 못 받아도 노동청에 신고할 수도 없어요. 외주 계약은 고용이 아닌 개인 간 계약이다 보니 민사소송을 진행해야 하는데, 소송비용을 생각하면 배보다 배꼽이 더 크거든요. 심지어 계약서도 없는 경우가 허다하죠. 일로 주고받은 문자 캡처가 증거 능력이 되는지 알아보느라 반나절을 보내기도 하고, 경험이 적은 2030 프리랜서는 더욱 속수무책으로 당하더라고요. 회사는 인재가 없다고 아우성치고, 근로자는 두세 사람 몫의 일을 혼자서 하느라 영혼을 갈아먹고, 프리랜서는 일이 없어 죽어가고. 어떻게 이 문제를 해결해야 하나, 그때부터 저의 또 다른 고민이 시작되었던 거 같아요.

5.

그렇게 일단 작은 연결부터 해보자는 데서 '퍼블리랜서' 커뮤니티가 시작되었습니다. 연차 상관없이 자기 업에서 뭔가를 이뤄내고 있는 실무자를 섭외해 발제를 부탁했어요. 매회 주제를 달리하며 '우리는 모두 잠재적 프리랜서다' '편집자와 디자이너의 의사소통 방식' '전자책 다룰 줄 아는 출판인 되기' '2019 서울국제도서전 리뷰' '다른 편집자는 어떻게 일할까' '북펀딩,

어떻게 성공시킬까' 같은 이야기들을 이어갔죠.

퍼블리랜서 커뮤니티가 다른 강연이나 콘퍼런스와 다른 점은 발제자뿐 아니라 모두가 자기 이름을 내걸고 참여한다는 거였어요. 이 커뮤니티가 커다란 담론보다는 작은 연결을 만들어가길 바랐거든요. 그래서 참여자들 모두 짧게나마 자기소개를 했어요. 프리랜서 혹은 언젠가는 프리랜서가 될 수 있는 사람들에게 도움이 될 노하우를 전하고 싶다는 건 1차 목표였고, 궁극적으로는 고민을 나누고 뜻을 모을 수 있는 동료들을 직장 밖에서도 만들 수 있게 하고 싶었습니다.

발제를 맡은 출판인은 이런 기회를 통해 자기 일에서 자긍심을 느꼈으면 했고, 참여자들은 '저 사람은 저런 생각과 시도를 하면서 출판 일을 하고 있구나' 하고 건강한 자극을 받았으면 했어요. 제가 그랬듯, 누군가는 그러한 시간을 통해 자기가 하는 일에 재미를 느낄지도 모르죠. 인사이트를 줄 만한 다양한 뉴스와 소식을 페이스북 페이지에 매일 공유하고, 퍼블리랜서 뉴스레터를 매달 발행하는 이유이기도 해요.

그렇게 커뮤니티를 운영하면서 동시에 출판전문가 연결 플랫폼을 만들었어요. 출판 프리랜서는 외주 작업을 하기 위해서 사실상 인맥에 의존하는 경우가 대부분이잖아요. 외주 경력이 많지 않은 이들은 안정적인 거래처가 거의 없고, 인맥도 정보도 부족해서 저렴한 일자리와 열악한 노동조건에 노출될 수밖에 없습니다. 외주 일감을 구하기 어려운 만큼 일감이 없는 기간도 늘어나고, 불안한 마음에 일이 들어오면 무조건 하는 경우도 많고요. 무리해서 두세 가지 작업을 동시에 진행하다 보면, 당연히 프리랜서 개인도 힘들고 작업 결과물의 질도 떨어질 수밖에 없습니다. 비공식적 네트워크에만 의존하는 정보 불균형 문제를 해결해보자 싶었고, '이들이 자신을 스스로 적극 홍보할 수 있는 공간이 있으면 어떨까?' 고민한 결과가 플랫폼이었어요.

6.

퍼블랜서 플랫폼을 통해 인맥이 없는 프리랜서도 능력만 있다면 외주 작업을 제안받을 수 있길 바랐습니다. 외주 시장이 커지는 건 출판계뿐 아니라 고용 시장의 피할 수 없는 흐름이고, 양극화도 심화되겠죠. 자신을 적극적으로 알려 퍼스널 브랜딩에 성공한 프리랜서는 고급 프로젝트를 골라가며 일할 테고, 그렇지 못한 프리랜서는 심화된 경쟁에서 밀려나 지금보다 더 헐값에 일을 구하는 처지가 될 텐데 그게 안타까웠어요. 그래서 퍼블랜서를 통해 모두가 다양한 기회를 가질 수 있길 바랐습니다.
클라이언트 입장에서도 출판전문가 정보를 살펴보고 협업을 직접 제안해볼 수 있게 했어요. 출판전문가들이 자신의 전문성을 잘

펼칠 수 있도록 도와주는 게 출판 인재의 이탈을 막는 길이라고 생각했거든요. 그러려면 유의미한 데이터가 많이 모여야 하는데 생각보다 쉽지 않아서 힘든 점도 있어요. 특히 편집자들은 자신의 이력과 경력을 공개적으로 오픈하는 것을 굉장히 조심스러워 하거든요. 꾸준히 이용자들과 신뢰를 쌓는 일이 필수였습니다. 또 만들어 놓았다고 해서 플랫폼이 저절로 운영되는 게 아니잖아요. 오류도 계속 수정해야 하고 필요한 기능도 추가해야 하는데, 이게 참 어려웠습니다. "다음 생에는 개발자이고 싶다"는 말을 농담처럼 자주 합니다만, 진담입니다. 그만큼 절실했어요. IT 쪽 지식이 부족하다 보니 플랫폼 기획 단계부터 막막했거든요. 개발 비용, 소요 기간 등 기본적인 감도 없어서 외주 개발자 구하는 것부터 난관이었죠. 다행히 지인이 믿을 만한 개발자를 소개해줬고, 그분 도움을 정말 많이 받았어요. 일단 모든 기능을 다 넣으려 하지 말고 기본적인 것들만 갖추고 가볍게 시작해보라고 조언해주셨고, 3개월 정도 그분과 함께 둘이서 심플한 웹사이트를 갖췄어요. 그후 운영은 저 혼자 했습니다. 시간과 비용을 지속적으로 투자해야 하는데, 플랫폼 자체에서 수익을 내고 있는 게 아니어서 아무래도 한계가 있었고요. 출판전문가 연결 플랫폼이 비즈니스 모델로서 매력적인 아이템이었다면 역량 있는 개발자에게 동업을 제안했을 텐데, 그렇지 않거든요. 출판 산업

자체가 영세한데 이건 심지어 출판 종사자들을 대상으로 하는 플랫폼이니 그 시장이 얼마나 작아요? 수익보다는 공적인 가치를 우선으로 생각하고 시도한 일이어서 다른 사람을 쉽게 끌어들일 수가 없었어요. 플랫폼은 계속 수정해야 할 것들이 생겨났고, 주변 분들이 이런 기능을 추가해보면 어떻겠냐고 의견을 주셔도 다 반영할 수 없어서 안타까웠습니다. 고심 끝에 최근에는 플랫폼을 네이버 카페로 이동했어요. 기존 플랫폼 체계 안에서 보완해가면 좋았겠지만, 계속해서 외부 개발자의 도움을 받아 운영하는 데 한계가 있더라고요. 무엇보다 출판계 구인구직 문제 해결뿐 아니라 커뮤니티 기능을 좀 더 활성화시키고 싶었어요. 물론 독립된 플랫폼을 포기하기까지 고민이 많았죠. 오랜 시간 힘들게 만들었으니까요. 하지만 더 많은 분들이 이 커뮤니티에 참여하면 그들과 함께 시도해볼 수 있는 일도 다양해질 거라고 생각하니 설레더라고요. 이번 결정으로 커뮤니티 접근성을 높인 만큼, 더 많은 출판인이 서로 필요한 정보와 고민을 나누며 성장할 수 있길 기대합니다.

이번 결정을 다들 축하해주고 반기더라고요. 얼마 전에 한 출판사 편집자로부터 이런 메일을 받았어요. "큰 조직에 있을 때는 동료들 인맥까지 활용해서 편집자, 디자이너, 번역자를 알음알음 소개받고는 했는데, 지금은 작은 출판사에 있다 보니 믿을 만한 새로운 인맥을 찾기가 정말 어려워요. 그러다 보니 예전부터 매번 작업하던 분들하고만 일하게 되고요. 항상 이런 곳이 목말랐어요. 실력 있고 믿을 만한 작업자들을 만날 수 있는 곳이요. 여러 어려움이 있으실 텐데도 이렇게 장을 만들어주셔서 감사합니다." 또 퍼블리랜서 덕분에 출판사로부터 연락을 받아 작업하고 있다며 감사 인사를 전해오는 프리랜서도 많아요. 어찌나 기분이 좋던지! 이토록 보람된 일을 할 수 있게 되어 오히려 제가 더 감사합니다. 플랫폼을 통해서는 클라이언트와 출판전문가가 자유롭게 연결되는 길을 만든다면, 오프라인에서는 클라이언트의 의뢰를 받아 출판전문가를 직접 물색하는 일도 하고 있습니다. 기업 입장에서는 외주작업자를 찾는 데 시간과 노력을 덜 수 있고, 프리랜서 입장에서는 계약 단계에서 자신의 의견을 조율해주는 중간 역할자가 생겨 든든한 면이 있어요. 퍼블리랜서와 함께하는 이들만이라도 좀 더 안정된 환경에서 즐겁게 일했으면 하는 마음이에요. 그러다 보니 저는 늘 긴장한 상태로 일하고 있습니다. 혹시나 저의 실수나 잘못된 판단으로 출판생태계를 해치는 일이 발생하진 않을까 매사 조심스럽다고나 할까요.

한편으로는 지속적인 수익도 고민하고 있습니다. 신념과

열정만으로 무언가를 하다 보면 그저 인정 욕구만 남게 되잖아요. 자기가 좋아서 한 일인데 결국 지쳐서 그만두게 되죠. 그러고 싶지 않아서 고군분투하고 있습니다. 퍼블리랜서 플랫폼은 모든 서비스가 무료이기 때문에 클라이언트와 출판전문가가 직접 연결되는 경우에는 수수료가 없어요. 하지만 퍼블리랜서에 출판전문가를 찾아달라고 의뢰가 들어온 경우에는 적정 수수료를 받고 있습니다.

또 출판전문가 구인 업무 대행 서비스를 통해서도 수익을 내고 있어요. 출판사의 장점을 살린 구인광고를 제작하여 퍼블리랜서 커뮤니티와 SNS는 물론, 출판인들이 모여 있는 각종 커뮤니티와 카카오톡 오픈채팅방 등에 홍보하는 일이에요. 출판사를 대신하여 지원자들의 문의에 답변하기도 하고 이력서 취합, 면접 시간 조율, 지원 결과 안내 등을 진행해요. 인사 담당 부서가 따로 없는 경우 대표나 각 팀 실무자들이 해야 하는데, 은근히 품이 많이 들고 귀찮은 일이거든요. 또 구인 게시판에 들어가야만 볼 수 있는 게 아니라 SNS 등을 통해 직접 찾아가 공고를 알리니, 회사에 필요한 인재를 적극적으로 찾을 수 있는 장점도 있어요. 이외에도 출판하는 사람들을 위하여 여러 서비스를 기획하고 있어요. 좋은 책을 만드는 데만 집중할 수 있도록 조력자의 역할을 잘해나가고 싶습니다. 저 스스로 지치지 않게 밥벌이도 해가면서 말이죠.

이런 저를 보면서 누군가는 대단한 포부나 의지를 가지고
출판계에 남아 있다고 생각할지도 모릅니다. 하지만 그저 성실히
해야 할 일을 찾는 일꾼일 뿐이에요. 좋은 취지는 제 안에만 있는
것이라서, 돈벌이 수단으로만 오해받을 땐 정말 속상하더라고요.
또 출판전문가 연결이 사람들과 소통하고 양쪽 의견을 조율하는
일이다 보니 지칠 때도 있습니다. 저는 '출판'이 좋아서라기보다는
'출판하는 사람'이 좋아서 여기 있고, 더 나아가 '사람'이 좋아서
하는 일인데 사람한테 마음을 다치면 내상이 크더라고요. 다행히
아직까진 보람이 좀 더 큰 거 같아요. 제 노력이 누군가에게
힘이 되고 도움이 될 수 있다면, 거기에 기쁨을 느끼는 사람임을
이 일을 하면서 깨달았어요. 모두들 낯을 가리는지 조용하다가
퍼블리랜서 소식을 꾸준히 받아보는 분들이 종종 수줍게 응원
메시지를 보내오면 자꾸 웃음이 나와요. 그래도 내가 허투루
일하지 않았구나 싶어 큰 힘이 됩니다. 인사 한마디 건네준 분들께
고맙다는 말을 꼭 전하고 싶어요.

8.

'판을 짜는 사람들' 속에서 이야기를 들려드리게 됐지만 사실 제가
어떤 판을 만드는 사람이라고 생각하진 않아요. 판을 새로 짠다는
건 다 갈아엎고 처음부터 시작해야 하는데, 역량도 용기도 저는

한참 부족하죠. 다만 이 판에서 발 딛고 있는 사람들이 넘어지지 않도록 돌부리도 치우고 잡초도 뽑는 잡부 정도라고 봐요. 저와 함께하는 사람들이 늘다 보면 완전히 새 판을 짤 수 있는 기회도 오지 않을까요?

언젠가는 저도, 혹은 이 글을 읽는 당신도 천년만년 몸담을 것 같았던 지금의 업계를 떠나 다른 일을 찾을지도 모릅니다. 그러다 또 다시 돌아올지도 모르고요. '단군 이래 최대 불황'이라는 수식어를 달고 사는 출판계지만, 비관하기보다는 지금 이 순간 동료들과 함께 작은 변화를 만들고 싶습니다. 그 작은 시도들이 출판계 전체를 바꿀 순 없더라도 우리가 서 있는 자리만큼은 달라져 있을 거라 믿으며.

"Si vales bene, valeo"

'당신이 잘 계신다면 저도 잘 있습니다'라는 뜻을 가진 고대 로마인의 인사입니다. 이 글의 마지막 인사로 출판인들에게 전하고 싶은 말이기도 해요. 당신이 출판계에서 오래 즐거웠으면 좋겠습니다. 시 발레스 베네, 발레오! (fin.)

마담롤리나 @madame_lolina_
프리랜스 일러스트레이터. 『더 포스터 북(마담롤리나 편)』을 출간했고,
마켓컬리, SM 엔터테인먼트, 아웃백, 삼성전자 등과 협업했다. 오직 창작으로만 지속
가능한 삶을 꿈꾼다.

클라이언트와 일하는

작업자를 위한 체크리스트

클라이언트와 일하는 작업자를 위한 체크리스트

'그림 그려 먹고사는 직업인'이 되기 위해 많은 고민과 실행을 거쳤다. 내가 그리고 싶은 그림과 돈이 되는 그림은 같다가도 달랐고, 열정과 노련함 사이를 오가며 많은 작업을 완수했다. '나 잘하고 있나? 다른 사람들은 어떻게 일하지?' 궁금했던 과거의 나 같은 동료들을 위해, 그간 함께 일한 사람들과의 소통과 시행착오를 재료 삼아 외주 프로젝트를 시작하고 끝내는 과정을 정리해봤다. 내 경험은 그림 한정이지만, 디자인과 영상 등 다양한 분야에도 적용될 사항들이며, 혹은 클라이언트가 되어 외부 작업자를 섭외할 때도 어떤 걸 챙겨야 할지 힌트를 얻을 수 있도록 경험을 나누어보려 한다.

Step 01. 작업 의뢰받기

할 수 있고, 하고 싶은 방향과 닿아 있는 개인 작업을 노출된 공간에 전시하는 것이 외주 노동자가 되는 첫 번째 단계다. 무료 플랫폼으로는 인스타그램, 블로그, 페이스북, 트위터 등의 소셜미디어나 그라폴리오, 노트폴리오, 비핸스 등이 있고, 유료 플랫폼은 산그림, 노트폴리오 프로, 픽토리움, 픽스필즈 등이 있다. 잠재적 클라이언트가 언제 어디에서 내 그림을 접할지 알 수 없으므로 꾸준하게 몇몇 채널에 노출하는 것과 누군가 내 계정을 발견했을 때 매력을 느끼도록 피드(포트폴리오)를 쌓아두는 것이 중요하다. 첫 번째 의뢰가 어떤 시점에 들어올지는 아무도 장담할 수 없다. 디자인페어에 참가한 것을 계기로 본격적으로 일을 시작한 지인도 있고, 결이 맞는 책을 출판하는 출판사들에 이메일을 보내거나 직접 제작한 연하장, 엽서를 보낸 것이 일로 연결된 경우도 있었다. 나의 경우 틈틈이 그린 그림을 올려둔 인스타그램과 트위터를 통해 의뢰를 받았다. 처음에는 아무것도 없는 공기 속에 점 하나 찍는 것처럼 막연하고 막막한 느낌이 들지만 대중의 감각과 맞닿아 있는 '어떤 작업'이 리트윗이나 공유를 통해 퍼져나가게 되면 팔로워가 늘어나며 의뢰인을 만날 가능성도 급속도로 커진다. 이 어떤 작업이 무엇인지는 다양한 시도와 경험을 통해 직접 알아내는 수밖에 없는데, 사람들이 찾고 좋아할 만한 그림을 그릴 수 있어야 직업인으로 기능할 수 있다는 점이 일러스트레이터로서 고심해야 할 부분이다.

그림체와 소재를 예로 들면, 초창기에 연필그림이 어둡다는 평이 있어 색연필을 쓰면서 컬러풀하게 바꾸었고, 개인적인 우울을 소재로 삼다가 더 많은 사람들이 공감할 수 있는 자연 풍경이나 꽃을 그리기 시작하면서 다루는 톤이 풍부해진 것이 일을 받는 것에 도움이 되었다고 느낀다. 만약 그저 좋아하는 것을 그릴 뿐인데도 사람들에게 좋은 반응을 얻을 수 있다면 그다지 어렵지 않은 일이겠지만(놀랍게도 그런 사람들이 존재한다!), 나에게 해당되는 이야기는 아니었기에 타인의 작업물을 수시로 보고 느끼고 그것이 왜 좋은지 분석한 뒤 내 그림에 응용해보는 시도 끝에 일말의 감각을 얻을 수 있었다. 비록 실무 경험이 없더라도 일정한 스타일을 유지한, 완성도 있는 그림으로 구성된 피드는 클라이언트에게 최소한의 신뢰를 줄 수 있고, 일단 일을 한 번 시작하면 그 일이 다른 일로 연결될 확률도 높아진다. 일러스트레이터가 되기 위한 특별한 자격 같은 건 없으므로 진입장벽 또한 낮아 수많은 일러스트레이터들이 존재하기 때문에, 그 사이에서 그림으로 먹고살 수 있으려면 적극적으로 영업을 하는 수밖엔 없다. 그리고 다행스럽게도 너무 무리해서 소리 높여 존재를 어필하지 않아도 자신만의 스타일로 좋은 그림을 묵묵하게, 꾸준히 그려 올리는 사람들은 쓸 만한 일러스트레이터를 필사적으로 찾고 있는 클라이언트에 의해 발견되기 마련이다. '좋은 그림'이 어떤 그림인지는 이론으로 정립하거나 말로 설명하기 어렵지만, 사람들은 그 그림의 매력을 직감적으로, 귀신같이 알아채므로 오늘도 나는 그것이 대체 무엇인지를 알아내려 고군분투한다.

Step 02. 협상하기

작업 제안 메일을 받았다고 해서 바로 일이 진행되는 것은 아니다. 메일 하단에 회사 주소, 연락처, 웹사이트가 기재되어 있지 않거나 다짜고짜 미팅부터 하자고 하면 일을 진행하기 어렵다고 판단한다. 메일은 작업을 효율적으로 진행하고, 나와 소통의 합이 잘 맞을지 살펴보는 최소한의 근거가 된다. 작업비를 떼이는 등

극단적인 경우가 아니더라도 어떤 클라이언트를 만나느냐에 따라 내가 들여야 하는 에너지가 크게 달라질 수 있다. 예전에 제법 유명한 의류 브랜드에서 미팅을 요청해 먼 길을 찾아갔지만 서로 생각한 시안 비용 등이 조율하기 어려울 정도로 달라 진행되지 않고 시간만 버린 적도 있다. 그래서 메일로 최소한의 조건을 합의해야 서로의 시간을 아낀다. 나는 전화번호를 공개하지 않는 편인데, 통화 없이 메일만으로도 충분히 매끄러운 진행이 가능해서다.(대신 메일 회신을 빠르게 한다.) 피치 못하게 전화나 미팅을 한 뒤에는 관련 내용을 정리해 메일로 보내서 기록을 남기는 것이 좋다. 첫 메일부터 진행할 작업에 대한 일정, 개수, 용도의 범위, 컨셉, 비용 등을 알려준다면 일의 진행 여부를 판단하기 한층 수월할 테지만 많은 경우 비용을 얼마로 책정하면 좋을지 먼저 물어온다. 이때부터 내 그림값을 얼마로 책정해야 할지에 대한, 내 가치를 스스로 매겨야 하는 혼란과 괴로움이 시작된다. 제시하는 단가에 따라 일의 진행 여부가 결정될 수 있기 때문에 신중해야 하는 부분이다. 나는 정 감이 잡히지 않을 때는 의뢰한 분께 예산이 얼마나 되는지 묻는다. 그러면 ① 답이 없거나 ② 정해진 예산이 없으니 먼저 제시해 달라고 하거나 ③ 00원에서 00원을 생각한다는 답변이 온다. 산그림 등 온라인에서 찾을 수 있는 단가표를 참고하고, 작가 동료들이 모여 있는 단체

채팅방에 질문하면서 최대한 정보를 그러모아 ②에 답변하거나, ③의 예산이 적절한지를 따져본다. 보통 용도와 범위에 따라 단가 차이가 크기 때문에 비용이 만족스럽지 않은 경우 컷 수를 줄이거나 그림의 복잡도를 조정하는 식으로 협상해볼 수 있다. 만일 경제 사정이 안 좋아 터무니없는 단가임을 알고도 일을 하게 되면 비슷한 일을 하게 될 다른 작가에게 "전에 작업한 작가님은 이 가격에도 하셨는데요?"라고 말할 근거를 제공하게 되고, 이런 일이 반복되면 결국 시장 단가를 하향 평준화하는 악순환을 가져오게 된다고 생각한다. 하지만 생각은 생각일 뿐, 당장 월세를 낼 돈이 없거나 오랫동안 일이 없던 상황에서 일을 거절하기란 쉽지 않고, 매체가 다양해지며 새로운 형태의 일들이 생기는 추세라 그때마다 어느 정도의 금액이 시장 단가를 해치지 않는 적정 금액인지 알기 힘들다. 결국 개개인에게 달린 결정이지만 몇 번만 일을 해봐도 스스로 납득하지 못하는 조건으로 일하면 부메랑은 자신에게 돌아온다는 걸 체감할 수 있다. 그러므로 자신을 착즙하지 않으면서 오랫동안 일을 해나갈 수 있는, 나만의 비용 기준을 정해야 한다. 내 꿈은 통장에 미래의 생활비를 충분히 쌓아두고 원하는 비용을 눈치 보지 않고 쿨하게 불러보는 것이다. 이 일은 직장인들의 연봉처럼 '연차'가 쌓인다고 페이가 올라가는 분야가 아니므로 스스로 몸값을 올리는 수밖에 없고, 그것이 가능해지려면 아주 유명해지거나 잔고에 늘 여유가 있어야 한다. 둘 다 못하는 나는 원하는 가격을 고수하다 놓친 일들의 뒷모습을 미련과 후회로 부여잡고 있다.

Step 03. 계약서 쓰기

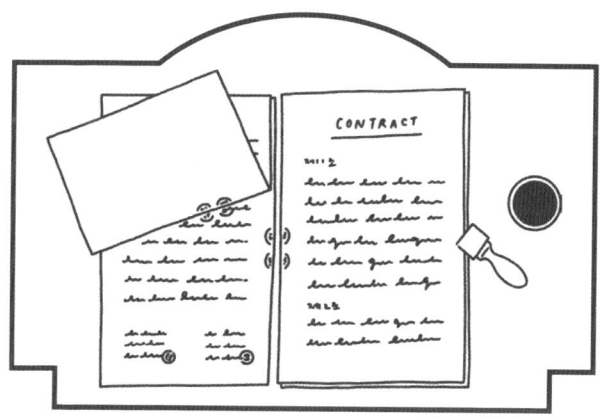

대략적인 조건을 협의하고 나면 계약서를 메일로 받아보고 세세한 부분을 조율한다. 계약서는 언제나 낯설고 어렵지만 최소한의 법적 보호장치인 데다 창작지원금, 고용지원금 등 각종 정부지원을 받기 위한 증빙서류로도 쓰일 수 있기 때문에 가급적 작성하려 노력한다. 2차 저작권을 양도하는 내용이 있는지, 계약

기간이 몇 년인지, 지금 시기는 언제인지 등을 꼼꼼하게 확인하고 이의가 있는 부분은 수정을 요청한다. 이 부분이 받아들여지지 않아 진행이 되지 않는 경우도 더러 있지만 부당하다고 느끼는 부분에 대해서는 물어보고 넘어가는 용기가 필요하다. 용기까지 필요할 일인가 싶을 테지만 나처럼 소심한 창작자는 까다로운 작업자라는 인상을 남기기 싫어 클라이언트가 내미는 대로, 좋은 게 좋은 거지 하며 다 수락하고 싶은 유혹에 빠지기 쉽다. 하지만 그러다가는 공들인 그림을 영영 빼앗기는 일도 생길 수 있으니 불편한 마음을 견디고, 요구할 것은 확실히 해야 한다. 관행이라는 명목하에 저작권 양도 계약서를 제시받는 경우도 있는데, 양도 계약은 구름빵 사건처럼 사용 범위가 다양하게 늘어나고 그에 따라 매출이 발생해도 창작자에게 그에 상응하는 보상을 할 필요 없고, 작가의 창작 의도를 무시한 채로 얼마든지 가공, 변형할 수 있으니 유의해야 한다(문화체육관광부 사이트에서 표준계약서와 해설을 다운로드하여 참고해보면 좋다). 합의된 계약서는 우편으로 받은 후 날인하여 보내고 1부씩 간직한다. 급한 스케줄상 계약서를 나중에 작성하는 경우도 있지만, 계약 후 일을 진행해야 잡음이 적다.
만약 계약서를 쓰지 않는 경우 메일로 '과업 내용, 과업 범위, 일정, 비용, 비용지급일'을 명시해서 보내달라고 요청하면 추후 문제가 발생했을 때 도움이 된다.

Step 04. 일하기

담당자와 충분한 커뮤니케이션을 통해 작업 방향, 분량, 전송할 파일 형태 등을 체크하고 스케치, 채색 일정을 세분화해 잡는다. 그리고 주제와 컨셉에 대한 이해가 확실해지면 스케치를 시작한다. 포트폴리오 중에서 기대하는 결과와 가장 비슷한 것이 있는지 미리 묻는 것도 톤을 잡는 데 도움이 된다. 매번 새로운 작업을 해야 하다 보니 일을 앞두고 번번이 두려움에 휩싸이지만,

'갑자기 실력이 상승하는 일도, 있던 실력이 사라지는 일도 없다'는 사실을 되뇌는 것이 도움이 된다. 그리고 혼자 넋 놓고 스케치를 하다 보면 컨셉과 다르게 흘러가는 경우가 있기 때문에 메일 내용을 반복해 읽으며 주어진 텍스트와 멀어지지 않으려 노력한다. 스케치를 클라이언트가 컨펌한 뒤 채색에 들어갔는데, 그림의 50% 이상을 변형하는 등 큰 수정사항이 생기면 새로 그리는 것과 별 차이가 없는 상황이 발생한다. 그러므로 스케치 단계에서 명확하게 형태와 배치, 구도 등에 관해 수정사항을 받아서 반영해야 한다. 언젠가부터 경험이 별로 없는 개인이 의뢰하는 일을 잘 진행하지 않고 있는데, 이유는 스스로 원하는 느낌에 대해 정확히 알지 못하고, 수정도 애매하고 두리뭉실하게 이야기해 의도를 파악하기 쉽지 않은 경우가 많았기 때문이다. 수정사항은 레퍼런스가 될 만한 이미지를 이용해 정확한 워딩과 구체적인 지시로 공유하면 이해가 쉽다. 소통이 잘될 경우 1~2회 수정으로 스케치가 대부분 마무리되지만, 클라이언트 측의 컨셉 변경 등으로 3회 이상 수정이 요구될 경우 수정 비용을 추가로 요청하기도 한다. 이 부분에서 다시금 용기가 필요하지만, 내가 의도를 잘못 파악한 것이 아니라 의뢰인의 지시에 혼동이 있었던 것이라면 같은 값으로 일하며 시간을 계속 써야 하는 상황이 생기므로 보상이 필요한 부분이다. 채색을 마치고 난 뒤의 수정은 컬러 변경과 그림 일부에 한해 가능하다.

최선을 다한 그림을 빠르게 보내도록 노력하겠지만 그림의 완성도를 높이는 것과 마감을 지키는 것 중 반드시 택일해야 하는 상황이 오면 후자를 선택한다. 도무지 불가능하다 생각될 경우 미리 데드라인 조정을 요청하고, 그렇지 않았다면 다음에도 믿고 맡길 수 있도록 대부분의 마감 약속은 지켜왔다. (물론 괴로워하면서 일을 미루는 시간을 반드시 통과하긴 하지만.) 그리다가 도무지 모르겠거나 잘할 자신이 없으면 담당자에게 솔직하게 이야기하는 것이 잠수를 타거나 갑자기 그만두는 것보다 낫다고 생각한다. 이야기를 나누면서 다시 방향이 잡히기도 하고, 혼자 세웠던 터무니없는 기준을 재정립할 수도 있기 때문이다. 일을 하며 어떤 담당자로부터는 냉혹한 평가로 상처받기도 했지만, 어떤 분들에게는 말로 다 표현 못할 힘과 응원을 받기도 했다. 내 그림이 좋아 의뢰를 해주시는 경우가 대부분이라 감사한 마음을 갖게 된다. 서로를 존중하며 일한 경험들은 이 세상을 살아볼 만한 곳으로, 이 일을 계속해볼 만한 것으로 느끼도록 해주었다.

Step 05. 일을 마친 후

데이터를 넘기고 일을 마치면 곧장 건강보험료 조정을 위한 해촉 증명서를 요청해 받는다. 프리랜서는 건별로 계약하지만 업체 측에서 '사업소득'으로 지급받는 경우 건강보험공단과 국민연금에서는 계속 수입이 발생하는 것으로 간주하기 때문에 1회성 지급 건임을 해촉 증명서로 증명해야 보험료가 인상되지 않는다. 이 사실을 알았을 때 1년 전 마지막으로 연락한 담당자에게 메일을 보내야 했는데 어색하고 민망하고 죄송스러웠다. 그래서 이제는 일이 끝나자마자 잊지 않도록 바로 이름, 주민등록번호, 근무기간, 근무내용, 업체 정보를 포함한 해촉 증명서 양식을 첨부해 날인된 버전의 회신을 요청한다. 이 단계까지를 일의 마무리로 친다.

약속한 입금일이 다가오면 초조해진다. 날짜를 깜빡하거나 상습적으로 미루는 곳들이 있기 때문이다. 업체가 입금을 계속 미뤄서 전화를 60통씩 했다는 분도 있고, 나처럼 내용증명을 보낸 뒤 소액재판까지 가는 경우도 있다. 승소를 하기까지 계속 돈이 들고 홍대에서 강남을 오가야 해서 무척 힘들었으며 잠 못 이루는 밤 뒤척이며 마음고생한 기억은 아직까지도 떠오를 때마다 괴롭다. 하지만 이것은 최악의 경우고, 대부분 무사히 입금을 받아 맛있는 것을 먹으러 간다. 작업 결과물이 나오면 담당자분이 알아서 챙겨주지만, 주지 않는 곳은 연락해서 요청해야 하는 번거로움까지가 프리랜서의 업무에 포함된다. 이렇게 써놓고 보니 할 짓이 못 되는 것처럼 보이기도 하지만 어쩔 수 없다. 출퇴근하지 않을 자유와 내가 주체적으로 해나갈 수 있는 일이라는 장점을 위해 감수해야 할 일들이다. fin.

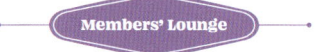

내가 안전하기를 바라는 마음으로, 차 명상과 녹차

김현경 @mindfulliving_hyun
한껏 삶을 즐기는 명상김선생. 명상가이자 명상 안내자.
웰니스 브랜드 '마인드풀리빙 현' 운영.

차 명상
mindful drinking

요 며칠을 돌아보자. 끊임없이 받은메일함을 새로고침하거나, 왠지 허한 마음에 생각지 않은 충동 구매를 하거나, 내일의 힘을 끌어다 쓰는 기분으로 커피를 더 마시거나, 시간 가는 줄 모르고 소셜미디어 피드를 내리고 있었던가? '지금을 사는 나'에 집중해볼 시간이다.

나 자신에게 차 한 잔을 우려주는 행위, 그 자체로 이미 명상의 과정인 차 명상을 소개하고자 한다. 차 한 잔을 매개로 하는 일상의 마음챙김 명상법으로 단지 찻잎과 물과 머그컵만 있으면 된다. 호기심과 다정함을 가지고, 지금 이 순간 내게 좋은 차가 무엇일지, 어떤 차를 마시고 싶은지 생각해보자. 허브티, 블렌딩티, 잎차, 티백 뭐든지 원하는 차를 선택하고 물을 끓인다. 조용하거나 편안한 장소라면 더 좋겠지만 사무실 테이블이나 탕비실, 휴게실에서 시도해도 무방하다. 차와 차를 마시는 과정만을 알아차리는 시간이기에.

따뜻한 차가 우려졌다면 차가 담긴 컵의 감각이 어떤지 느껴본다. 손잡이, 컵 밑바닥, 입술의 온도가 모두 어떻게 다른지 섬세하게 알아차릴 수 있다. 손가락과 손바닥에서 느껴지는 컵의 질감, 무게를 확인해보자.

다음으로는 컵 안에 담긴 차를 바라본다. 컵 안에서 차는 어떤 변화를 갖는지 관찰하고, 차의 수색을 있는 그대로 살펴본다. 눈으로 살폈다면 코 가까이 가져와 향을 맡고, 긴 숨을 들이마셨다 내쉰다. 또 짧게 들이마셨다가 짧게 비워본다. 긴 숨과 짧은 숨에서 느껴지는 향의 다름도 느껴보자. 차의 향을 맡을 때 콧구멍과 얼굴에서 느껴지는 열기도 느껴보자.

자, 드디어 차를 마실 차례다. 차 한 모금을 입 안에 머금고, 입, 입술, 혀의 움직임을 살핀다. 입 안에 감도는 맛과 온도를 확인하고 조금씩 삼키며 목과 가슴, 배의 온도를 느껴보자. 한 모금씩 삼키는 동안 근육의 움직임도 살펴보자. 따뜻함이 느껴질 것이다.

이렇게 천천히 알아차리며 한 모금씩 마시는 과정을 반복한다. 언제라도 나의 생각이, 마음이 방황한다면 걱정하지 말고 부드럽게 지금 몸의 감각으로 되돌아오면 된다. 바로 이 순간, 차와 나에게 온전히 주의를 기울일 때, 감각이 활성화되어 몸은 이완되고, 마음이 열리는 것을 경험할 수 있다. 여기까지가 오감을 활용하는 명상 중 하나인 차 명상이다.

차 명상은 자신을 사랑하는 마음으로부터 시작된다. 차를 마셨던 컵을 내려놓고, 한 손 혹은 두 손을 가슴 위에 올려놓아 보자. 따뜻한 차였기에 내 손도 그러할 것이다. 두 눈을 지긋이 감고, 가슴 위 손과 가슴의 감각에 주의를 기울이며 진심 어린 마음을 담아 마음속으로 혹은 속삭이듯 내가 나에게 이렇게 말해준다.

내가 안전하기를.
내가 행복하기를.
내가 건강하기를.
내가 편안하게 살기를.

원하는 만큼 반복한 뒤 두 눈을 뜨고 지금의 감정을 온전히 느껴본다.
잠깐의 차 명상을 통해 이완된 몸과 열린 마음, 더불어 자애의
마음까지. 그리고 천천히 다시 하던 일로 돌아가 나와
세상에 주의를 기울이며 중심 잡고
살아가보자.

녹차를 따뜻하게 내어드릴게요

정신없이 바쁘고 마음이 심란하다면 커피에 가던 손을 멈추고 의식적으로 차를 선택한다. 조선조 때 한재 이목 선생은 차의 현묘함을 노래한 「다부」에서 차의 여섯 가지 덕(德)을 이야기했는데 "마음을 편안하게 하고, 기운을 맑게 하며, 병을 낫게 한다"는 덕목이 있다. 오늘은 우리에게 친숙한 녹차를 소개하고자 한다. 티백에서부터 잎차, 말차 등 다양한 종류가 아이스크림, 우유, 커피 등과 어우러져 우리 삶 곳곳에서 쉽게 접할 수 있는 차이기도 하다.

초록색을 띠며 마른 잎 상태일 때 풀잎향이 은은하다. 찻잎을 뜨거운 물로 적시면 달콤하고 구수한 향이 코끝에 닿는다. 맑고 고운 푸른빛에 녹색 찻물을 볼 수 있고, 고소한 감칠맛이 감돈다. 떫은 맛과 함께 약간의 해조류 풍미도 느낄 수 있다.

발효 과정을 거치지 않고 덖기 때문에 비타민C가 레몬의 5~8배나 함유되어 해독과 면역력 증강을 돕는다. 녹차 안에 들어 있는 수용성 카페인, 떫은 맛을 내는 카테킨, 데아닌 등의 작용으로 몸과 마음의 원기를 회복시켜 피로 회복과 정신집중에 도움을 준다고 하니, 복잡한 생각들을 정리하고 명료하고 건강한 삶을 위한 작은 선택으로 충분하다.

녹차 2g에 끓였다 살짝 식힌 물을 붓고 2분 정도 우려 마셔보자. 몸을 정화하듯 맑은 기운이 감도는 차를 즐길 수 있을 것이다.

김미래 @jjokkpress
2010년부터 몇 개 출판사를 거치며, 발굴의 즐거움을 알았습니다. 지콜론북(2012), 쪽프레스(2015), 쏜살(2016)을 기획하여 선보였습니다. 이후 텀블벅에서 창작자를 위한 도구를 만드는 데 함께했고, 지금은 기획/인터뷰/브랜딩 등 경계 없이 일하지만, 그 중심에는 쪽프레스와 고트가 있습니다.

가루와 반죽

이 가루를 모아야만, 이 가루를 가공해야만,
일용할 양식을 얻는 이들이 있나 봅니다. 시킨 적도 없는데 저마다의 바지런을
떨며 가루를 채집하는 이들 말이에요. 이들의 목표는 최대한 가득, 특출난 기구나
도구 없이 맨손 두 개만 써서 가루들을 붙잡는 겁니다. 손을 맨질맨질하게 닦아도
보고, 기름을 묻혀 윤기 나게도 만들어보며 수많은 시행착오를 거쳐
저마다 '가루 잡기'의 기술을 익혔겠지요.

가루와 반죽

아주 오래전에 사두었던 진갈색 양장책을 어느 날엔가 뒤적이다가, 친구의 시를 전부 옮겨놓은 한 소설가의 글을 마주했습니다. 그 시의 충격이 어느 정도였기에 시 전문을 옮긴 걸까요. 눈길을 잡아끌거나 수상쩍은 구석도 없는 시를 꼼꼼히 읽게 된 것은, 그 둘을 예사롭지 않은 관계로 묶어준 것이 실은 이 시가 아닐까 하는 호기심에서였습니다. 시 속의 시인은 오랫동안 책을 읽고 있었다고 합니다. 얼마나 열중했는지 빗줄기가 창문을 철썩철썩 때려도, 빗소리를 듣지 못할 정도였지요. 시인은 생각에 잠길 때 잡히는 고유한 주름을 보듯 시행을 들여다보았고, 시간은 정지하거나 심지어 거꾸로 가는 것만 같았습니다. 그러다 문득 시행이 선홍으로 물든 것을 알아챘습니다. 일몰때가 된 거지요.

그때서야 시행은 목걸이의 줄처럼 끊어지고 글자들은 원하는 데로 굴러들 갑니다. 시인은 상상합니다. 흡사 밤이 다 된 것 같은 지금, 길가에 옹기종기 모여 있는 나무들 모양으로, 사람들이 동아리를 이루어 서로 내뱉는 음절 하나하나를 황금보다도 귀하게 여기며 두런두런 의논하는 모습을 떠올려요. 그러다 생각에 잠깁니다. 자신이 만일 책에서 눈을 들어, 이 시선을 창밖으로 향한다면? 모든 것은 그 얼마나 친근해지고, 얼마나 본인 곁 가까이 있게 되고, 또 제 마음과 같아지며, 그것과 조화를 이룰 것인가 하고. 하지만 우리 모두는 이 시의 결말을 압니다. 시인은 결코 그 동아리에 끼지 않을 것이며, 낄 수도 없을 것이며, 그러나 시인만의 방식으로 고립되지 않을 것을요. 밤의 거대한 형상들에 제 눈을 적응시켜가던 시인은 지극히 시인다운 방식으로 이전보다 폭넓게 상상합니다. 마을 어귀는 땅을 두르기엔 너무 작다는 것을, 땅이 제 경계를 뛰어넘고 자라 창공보다 커져간다는 것을, 어쩌면 마을 끝 하늘가의 별 하나 역시 교구 맨 끝집의 불빛과 다름없다는 것을 깨닫는 겁니다.

글이라는 것은, 아니 글이기 전에 생각 혹은 감정이라는 것은

무엇일까요. 손에 만져지지 않는 것, 속 시원히 잡히지 않는 것, 아직 정리된 적 없는 것들이 어쩌다 새하얀 종이에 검정색 잉크의 옷을 입고, 이렇게나 가지런한 모습으로 우리 앞에 움직일 수 없게 박제되어버린 걸까요. 종이 위 글자는 도통 움직일 수 없게 되었지만, 그 움직일 수 없는 모양새로, 우리의 눈을 쉴새없이 움직이게끔 부리고, 제 스스로 움직이지 않는 이들 먹과 백은, 참 쉽게도 한 손에서 다른 손으로, 한 눈에서 다른 눈으로, 한 서재에서 다른 서재로, 옮겨갈 수 있게 되었으니 신기하지 않습니까.

가끔 남이 공들여 만든 책을 만질 때면, 내 것 같아 놀랍습니다. 꼭 같지는 않겠지만 비슷한 여정을 거쳐 여기 나에게까지 닿은 직육면체 물건의 친숙함이 대단합니다. 그런 걸 애써 남의 것처럼 느끼려고 노력하는 제가 있습니다. 처음 만난 사람에게 간단한 정보를 물으며 호감을 전하되, 무례하게 느껴지지 않을 만큼은 거리를 두듯이 말이에요. 첫인상에 내 것 같다고 해서, 섣불리 내 것으로 삼고 싶지는 않거든요. 마지막 장까지 읽을 책을, 여러 번 읽어 낡을 책을, 이사를 다니면서도 다양한 상자에 옮겨넣어 꿋꿋이 자리를 보전해줄 책을, 하나 들이는 일은 늘 새삼스럽습니다.

남의 것이 내 것 같고, 내 것이 남의 것 같은 의심스러운 직육면체의 물건. 이것을 이루는 가장 작은 단위로, 저는 가끔 상상할 수 있는 한 가장 곱고 투명한 가루를 떠올리곤 합니다. 만든 이도 소유한 이도 아직 없는 무수한 가루들이 날리는 벌판이 펼쳐져 있습니다. 이 수많은 가루를 모두 그러모아 조사한 적은 없기에 그저 세상 사람들만큼이나 종종색색 다양하다고 짐작할 뿐이지만, 어쩌면 이 가루들은 사실 같은 성분인지도 모릅니다. 한편 이 가루를 모아야만, 이 가루를 가공해야만, 일용할 양식을 얻는 이들이 있나 봅니다. 시킨 적도 없는데 저마다의 바지런을 떨며 가루를 채집하는 이들 말이에요. 이들의 목표는 최대한 가득, 특출난 기구나 도구 없이 맨손 두 개만 써서 가루들을 붙잡는 겁니다. 손을 맨질맨질하게 닦아도 보고, 기름을 묻혀 윤기나게도 만들어보며 수많은 시행착오를 거쳐 저마다 '가루 잡기'의 기술을 익혔겠지요. 이 노하우를 꽁꽁 숨기는 이들도, 노하우를 전수하는 것을 되려 즐기는 이들도 있습니다. 손목의 스냅을 써서 적당한 각도만 취할 수 있다면, 의외로 마른 손이 더 효과적일지도 모르겠습니다. 어쨌든 적지 않은 사람들이 적지 않은 가루들을 멋대로 날아가지 못하도록 꼭 묻히는 데 성공하기까지는 이런 풍경이 펼쳐집니다. 가루가 덕지덕지 붙은 다섯 손가락을 활짝 펼쳐 만든 커다란 타원형이 하늘 위로 들리기도 하고, 날갯짓을 하듯 상하로 움직이기도 합니다. 멀리서 보면 구조를 요청하는 줄 알기 딱 좋죠. 물기나 기름기가 적당히 작용했고, 손목이나 손가락의 움직임도 적절했다는 가정 아래, 이 사람들, 꽤 많은 가루를 단 열 손가락으로 붙잡아냈습니다. 그걸 이제 비비고 뭉치고 만지작거려서 반죽을 만드는 일만 남았습니다.

아무리 딱딱하고 위엄 있고 완벽해 보이는 책도, 오래가지 못합니다. 애서가는 책을 낡게 만들 뿐이고, 애서가든 불량배든 없다고 해도 시간과 세월이 이 책을 가만둘 리 없거든요. 책모서리는 구겨지며, 표지는 휘거나 들리고, 책장은 군데군데 찢어져 유실되고, 어느 페이지는 직사광선에 한 단락이 다 날아가버립니다. 겉모양만 말할 것도 없습니다. 오래된 어떤 책은 군데군데 중간줄을 쫙쫙 그어버리고 싶을 정도로 낡았고, 이미 맞춤법이 아니게 된 비문투성이의 글도 여간 마음에 들지 않는 게 아닙니다. 그러니 책에 대한 비유로, '반죽'만 한 건 없을 겁니다. 참 아무렇게나 생긴 것부터, 꽤 정밀하게 다듬어진 것까지 있지만, 아무려나 '손길' 느껴지지 않는 것이 없고, 언제 어떤 모양이었냐는 듯 어떻게든 다시 누르고 문대고 짓이겨 새로 태어난 것 같은 딴판의 반죽을 우리는 자주 목격하지요.

맨손으로, 우스꽝스러운 몸짓을 감수하며, 눈에 보이지도 않는 아름다운(을 가능성이 있는) 것을, 장비 없이 구하는 일. 사실 저와 제가 좋아하는 많은 선배들은 이 일을 결코 기피하지 않았습니다. 오히려 이전보다 더 큰 동작으로 꽤 근성 있게 해내고 있습니다. 손밖에 쓸 수 없다면, 손재주 많은 이들의 힘을 빌려 반죽하는 것이 좋다고 생각해 최대한 신중하게 반죽팀 빌딩을 합니다. 반죽에 색을 입히고 형태를 부여해나갑니다. 최초의 재료는 가루였던 이 제멋대로의 반죽들은, 리커버란 이름으로 절판이란 이름으로 개정판이란 이름으로 한정판이란 이름으로 전자책이란 이름으로, 글줄이 바뀌고 표지가 바뀌고 책등의 두께가 바뀌어갑니다. 한때 아주 정성스럽게 고르고 다듬은 생각과 감정의 옷이, 전혀 낯설거나 별로 반갑지 않거나 불편을 감수해야 하는 때가 닥치면, '일러두기' '열면서' '첫머리에' '맺으면서' '나오며'를 통해 양해를 구하는 일도 있습니다. 겸손할 수밖에 없는 제품 아닌가요. 먹으면 상하는 신선식품의 경우, 권장기한을 적어두기에 먹고서 배탈이 난 사람들에게 "애초에 설명서를 잘 읽으셨어야지요. 구매 전에는 필히 유통기한을 확인하셔야만 합니다."라고 할 수 있는 변명을, 할 수가 없습니다. 시대를 뛰어넘는 명저는 마음의 양식이라 불리지만, 이 양식에 제조년월과 유통기한이 붙는 법은 없습니다. 대신에, 반대로 어떤 반죽은 몇십 년 뒤, 몇백 년 뒤에 쓰임이 생기고 대단한 관심으로 찾아지기도 합니다. 오스트리아 산골에 살던 마를렌은 주부였습니다. 이 주부는 치과의인 남편을 도와 병원 잡무를 보고, 몇 명이나 되는 아이들을 먹이고 입히고 학교 보내고 나서야 하루 두어 시간 겨우 글쓸 시간을 마련할 수 있었습니다. 20세기 빈의 문화적 혜택, 문학계 성전은 알지도 못했고 접근할 엄두도 안 냈습니다. 그러나 그가 쓴 소설이 몇십 년 뒤에 이웃나라의 다음 세대에게 반향을 불러일으키기도 하는 겁니다. 누구나 재료로 삼을 만한 반죽이 된 겁니다.

반죽을 조심스레 주무르는 동안 우리는 때때로 가슴 깊은 곳이 간질간질해지는 것을 느낍니다. 딱 지금 내게 필요했던 반죽을 만나면, 그것을 손에 쥐면, 가슴속 굳었던 무언가가 부수어지는 듯이, 체에 쳐지는 듯이, 그저 고요히 가라앉을 때가 있습니다. 내 속에서 생성된 가루들이 이따금 깊은 데서 섬세한 바람에 조금 들떴다가 내려앉곤 합니다. fin.

최경희 @kyunghee.kate / @homebodylabo

현대카드·캐피탈을 거쳐 지금은 여행 콘텐츠 기획사 트래블코드의 디렉터이자 기획자입니다. 『퇴사준비생의 도쿄』, 『퇴사준비생의 런던』, 『뭘 할지는 모르지만 아무거나 하긴 싫어』 등을 공동 저술했습니다. 최근에는 집생활 큐레이션 커머스 홈바디라보를 론칭해 디렉터라는 이름 아래 (온갖) 일을 하고 있습니다.

여행 콘텐츠 기획자가 코로나19 이후 시작한 일

보이지도 잡히지도 않는 코로나19 앞에서 오랫동안 준비해온 프로젝트를 무력하게 접어야 했다. 그리고 그때부터 지금까지 상황은 나아지지 않았다. 여행이 처음으로 우리를 떠난 지금, 여행 콘텐츠 기획사의 기획자는 어떤 것을 할 수 있었을까? 위기의 시간에 회사의 전략적 의사 결정과 나의 직관적 선택은 맞닿아 있었다.

여행 콘텐츠 기획자가
코로나19 이후 시작한 일

한 가지 일, 또는 하나의 영역에서 커리어를 진득하게 쌓는

사람들을 볼 때마다 스스로 묻는다.

'나는 무슨 일을 하는 사람이지?'

이 질문은 한동안 나를 괴롭혔다. 정확히 말하면 몇 년 전,

다니던 회사를 그만두고 나온 이후 오랫동안 명쾌한 답을 찾지

못했다. 누구나 이름을 아는 조직에 속해 있을 때는 가족에게도,

친구에게도, 심지어 모르는 사람에게도 나를 소개하는 일이

어렵지 않았다. 회사의 이름과 직함이 찍힌 명함 한 장으로 내

소개를 마치는 일도 잦았다. 그것이 얼마나 나를 잘 표현해주는지

아닌지 그때는 몰랐지만.

지나고 보니 큰 회사에 다닌다는 사실이 나에게 어떤 종류의

심리적 안정감을 줬는지 알겠다. 회사가 정해준 나의 역할과 그를 수행했을 때 보장된 보상으로 구성된 단단한 저지선 위에서 워라밸이 지켜지는 일상을 보냈다. 명쾌한 정답이 눈에 보이는 것 같은 날들이었다.

"나는 이 워라밸이라는 말이 인간을 지치게 한다고 생각한다.
'워라밸'은 거래 관계로 유지되는 시스템이기 때문이다."

제프 베조스(아마존 CEO)

제프 베조스의 말처럼 워라밸을 이뤄야 하는 삶, 일과 삶 사이의 균형이 필요한 구조는 나를 지치게 했다. 워라밸을 지키기 위해 나는 방전되고 충전하고, 또다시 방전되고 충전하는 과정을 반복했다. 노트북도, 휴대폰도 충전과 방전을 반복하면 배터리의 수명이 닳는데 나라고 크게 다를까. 어떤 사람에게는 방전의 과정이 없을 수도 있고, 충전과 방전의 과정을 반복하면서 더 강해질 수도 있겠지만 나의 배터리는 그렇지 못할 것 같았다. 흐르는 시간에 마모되기보다는 쓸 만한 재료를 계속 축적하는 사람이 되고 싶었는데, 점점 자신이 없어졌다. 일하는 게 재밌어서, 오래 일하고 싶어서, 퇴사를 했다.
그 선택은 내게 정답이 있는 삶에서 없는 삶으로 국면을 전환하는 방법이었다. 선택지 없이 내가 모든 것을 오롯이 만들어 가야 하는 삶. 무한한 자유의 무게가 얼만큼인지는 알 수 없는 삶. 여태 다른 사람들이 일궈 제안하는 정답을 보며 살아왔는데 적응이 쉬울 리는 없었다. 물고기도 살던 물을 바꿀 때 물맞댐이란 걸 하지 않나.

퇴사 후 학교 선배들과 의기투합해 여행 콘텐츠 기획사 '트래블코드'를 창업했다. 벌써 수년째 트래블코드에서 새로운 판을 기획하고, 그에 맞는 워크 플랜을 짜고, 실행하고, 사후 수습까지 챙기는 일을 한다. 이 모든 과정을 '디렉팅'이라고 포장해 내 직함은 '디렉터'다. (그리고 이 글은 한 디렉터의 성장기이자 고군분투기다.) 몸뚱이는 하나, 역량도 정해져 있지만 해내야 하는 일의 범위에는 자비가 없다. 그래서 일과 삶의 경계를 두고 워라밸을 찾는 대신, 일상에서 영감을 얻고 일에서 일상을 찾는다. 퇴근하면 오프 스위치를 눌러 버렸던 회사 생활과 달리 쉬고 싶을 때도 마음대로 쉽게 오프가 되지 않는 것이 단점이지만, 분명한 건 할수록 지치기보다는 자신감이 생긴다. 어제보다 더 많은 것을 할 줄 아는 오늘의 나를 내가 좋아할 수 있게 되었다. 시간에 마모되는 사람이 아닌 쓸모가 축적되는 사람이 되어간다는 믿음 덕분이다. 이제 누군가 무슨 일을 하느냐고 묻는다면 나는 콘텐츠 기획사에서 새로운 일을 기획하고 실행하는 사람이라고, 아주 약간의 자신감과 함께 대답할 수 있게 되었다.

기획의 기역(ㄱ)

'여행 콘텐츠 기획사?'

여행사도 알겠고, 콘텐츠도 알겠고, 기획사도 알겠는데, '여행 콘텐츠 기획사'라니. 다소 생소하겠으나 간단하다. 여행과 관련한 콘텐츠를 텍스트, 영상, 오디오 등 다양한 형태로 기획하고 제작하는 일을 하는 회사다. 여행 콘텐츠 중에서도 목적지가 아닌 여행의 목적, 즉 여행하는 이유를 콘텐츠로 제안한다.

트래블코드가 기획한 첫 번째 여행 콘텐츠는 『퇴사준비생의 도쿄』로, 도쿄 여행의 이유로 비즈니스 인사이트와 아이디어를 제안하는 경제경영서였다. 퇴사준비생의 관점으로 도쿄를 여행하며 비즈니스 모델, 콘셉트, 운영방식 등 차별화된 특징을 가진 매장들을 분석한 콘텐츠다. 이후 런던에서 찾은 비즈니스 인사이트를 담은 『퇴사준비생의 런던』, 퇴사준비생 시리즈를 특정 도시나 책의 포맷에 구애받지 않고 펼칠 수 있는 '퇴사준비생의 여행(www.bagtothefuture.co)' 웹사이트까지 '퇴사준비생'이라는 신조어에 깃발을 꽂으며 미래를 고민하고 준비하는 라이프스타일을 가진 사람들을 위한 여행 콘텐츠를 제작했다.

퇴사준비생 시리즈는 크게 3단계를 거쳐 만들어졌다. (정말 크게 나누고, 정말 많이 생략해서…) 먼저 도시를 선정하고 어떤 매장들을 취재할지 사전 리서치를 한다. 한국어, 영어, 비영어권 도시라면 현지 언어로 된 많은 책과 온라인 자료를 조사하며 100여 개의 롱 리스트를 선정한다. 그중에서 직접 취재할 매장을 50여 곳으로 추리고, 1~2주가량 현장 취재를 간다. 집필 과정에서 필요하면 후속 취재를 가기도 했다.

이렇게 만들어진 텍스트 콘텐츠는 영상, 오디오, 강연, 여행 프로그램 등 포맷을 달리하며 가지를 뻗어 나갔다. 우리가 먼저 기획해서 만든 콘텐츠도 있지만, 외부에서 만들어달라고 요청이 와서 만든 경우도 많았다. 새로운 기획이, 팔리는 기획이 가지는 가능성을 확인하는 순간이었다. 퇴사준비생 시리즈 다음으로는 전 세계 6개 도시에서 발견한 F&B 산업의 미래를 담은 『뭘 할지는 모르지만 아무거나 하긴 싫어』를 출간했다. '뭘모아싫'은 도시가 아닌 업종을 기준으로 비즈니스 인사이트와 아이디어를 다룬 책으로, 퇴사준비생 시리즈의 스핀오프 콘텐츠다.

내게 퇴사준비생 시리즈는 기획자로서 선보인 콘텐츠라기보다는, 기획자로서 첫걸음을 내딛고 성장하게 해준 콘텐츠다. 트래블코드 이동진 대표의 총괄 아래 하나의 기획을 콘텐츠로 구현하고 반응을 이끌어내고, 반응이 있는 기획으로 멀티 유즈를 하고, 스핀오프 콘텐츠를 만드는 전 과정에 참여한 기회였다. 정해진 일이 아니라, 일을 만들고 발전시켜 나가는 것. 그 과정에는 내가 기획자로서 앞으로의 커리어를 쌓아 나가는 데 필요한 자양분들이 보석처럼 박혀 있었다.

◉ 기획, 보이는 것보다 많은 인풋이 필요하다

잘 만든 기획은 직관적이고 단순하다. 빠르게 인지 가능하고 임팩트는 강하다. 잘 만든 기획은 퍼지는 속도도 빠르고, 무엇보다 반응을 끌어낸다. 전에 본 적 없는 새로운 기획임에도 사람들이 빠르게 인지할 수 있다는 것은 그만큼 기획을 구성하는 요소의 논리적 흐름이 촘촘하다는 의미고, 낯선 새로움에 기꺼이 마음이 열리는 이유는 기획이 현실보다 더도 말고 덜도 말고, 딱 반보 정도 앞서있기 때문이다.
같은 하늘 아래 완전한 새것은 없기에 새로움은 결국 기존의 것을 조합해서 나오는 것인데, 기존의 것들을 조합해 균형감 있는 결과를 만들기 위해서는 내가 하고자 하는 기획과 관련한 레퍼런스를 가능한 한 많이 알고 있는 것이 유리하다. 인풋이 많을수록 생각의 재료가 풍부하기 때문에 좋은 기획이 나올 확률이 높아진다.

◉ 그림의 가장 큰 테두리가 완성형에 가까울수록 흔들리지 않는다

기획을 실행으로 옮길 때는 기획자, 디자이너, 에디터, 운영자 등 다양한 역할들이 하나의 방향으로 움직여야 하고, 중간 과정에서 예상치 못한 문제가 생겨 계획을 수정하는 일도 다반사다. 의견을 조율하고, 순발력과 임기응변으로 문제를 해결해야 한다. 이 과정에서 전체 프로젝트를

이끄는 기획자가 최종적으로 그리는 그림이 분명할수록 수정을 거듭하고
다양한 사람의 의견이 포함되어도 이상한 조합에 다다르지 않는다.
순간순간 최선의 선택을 했던 것 같은데 결괏값이 최선과 거리가 멀어
보인다면, 순간의 의사 결정에 큰 그림이 고려되지 않았을 확률이 높다.
기획자가 방향과 테두리를 늘 염두에 두어야 하는 이유다.

혼자 할 수 있는 일은 많지 않다

기획자는 전체적인 판을 짜고 디렉팅을 하는 사람이다. 기획자의 기획이
구현되기 위해서는 많은 사람의 조력이 필요하다. 그렇기 때문에
스스로가 기획을 위해 한 고민의 깊이와는 별개로 같이 일하는 사람들의
피드백을 객관적으로 받아들이고 수용해야 한다. 함께 일하는 사람들의
건설적인 코멘트만큼 기획자를 발전시키는 건 없다.
완성되지 않은 자신의 기획이나 의견을 함께 일하는 사람들에게
이야기하는 것을 망설일 필요도 없다. 나와 함께 일하는 동료들은 내가
기획자로서 완벽한 모습을 보여야 하는 사람들이 아니라 기획을 함께
만들어 가기 위해 각자의 자리에서 고민하는 사람들이다. 그렇기 때문에
혼자 충분히 고민했는데도 답이 나오지 않는다면 미완성의 기획을
동료들과 이야기하는 것도 좋은 방법이다. 혼자서 끙끙 앓던 고민의
시간이 쌓여 가벼운 논의만으로도 스파크가 튄다.

사실 퇴사준비생 시리즈 이후 또 하나의 새로운 여행 콘텐츠를
준비하고 있었다. 새로운 시리즈의 첫 번째 도시는 타이베이로,

단독 저자로 처음 쓰는 책이자 그간 기획자로서 성장한 나의 첫 번째 결과물이었다. 트래블코드에서 처음으로 취재부터 집필까지 리드한 프로젝트라 이전과는 또 다른 마음가짐과 부담감을 안고 준비했다.

2020년 3월, 봄날의 자객처럼 코로나19가 찾아왔다. 보이지도 잡히지도 않는 코로나19 앞에서 오랫동안 준비해온 프로젝트를 무력하게 접어야 했다. 그리고 그때부터 지금까지 상황은 나아지지 않았다. 여행이 처음으로 우리를 떠난 지금, 여행 콘텐츠 기획사의 기획자는 어떤 것을 할 수 있었을까?

다시, 작은 브랜드로 시작하기

2020년 봄, 5년 차 여행 콘텐츠 기획사는 비로소 빛을 발하고 있었다. 여러 차례 제작한 기획 콘텐츠가 좋은 반응을 얻으면서 그에 따라 외부 협업이나 기획 프로젝트도 꾸준히, 그리고 더 큰 스케일로 진행됐다. 그렇게 나 또한 한 단계 성장해 기획자로서, 저자로서 결과물을 준비하고 있었던 그때, 정말 상상도 하지 못한 코로나19 시국이 시작됐다.

메르스나 사스 정도의 영향력을 떠올리며 몇 개월 조심하면 괜찮아지기를 바라는 간절함이 사라지는 데는 그리 오랜 시간이 걸리지 않았다. 우리 회사에게는 피보팅까지는 아니더라도 여행 콘텐츠 외의 새로운 비즈니스 포트폴리오가 필요했다. 진부한 말이지만, 위기를 기회로 바꿔야만 했다.

위기의 시간에 회사의 전략적 의사 결정과 나의 직관적 선택은 맞닿아 있었다. 우리가 새로운 비즈니스로 선택한 것은 커머스였다. 사실 나는 회사의 결정과 별개로, 콘텐츠 기획사의 창립 멤버로 조인해 콘텐츠 기획을 업으로 했지만 늘 언젠가는 커머스 비즈니스를 하고 싶었다. 콘텐츠에 한계를 느껴서라기보다 콘텐츠의 가치를 높이고 싶었기 때문이다. 이미 미디어로 대표되는 콘텐츠가 커머스에 붙어 '미디어 커머스'의 영역이 자리를 잡았고, 콘텐츠는 커머스의 성패를 가르는 주요 요인이 되었다. 이런 시장 흐름을 호기심 어린 눈으로 관찰하고 있었던 터라 신사업으로 커머스 비즈니스를 과감하게 선택할 수 있었다. 언젠가 해야 했다면, 지금이라는 마음으로.

'홈바디라보(Homebodylabo)'

집에 있느라 바쁜 사람들을 연구한다는 슬로건을 가진 트래블코드의 첫 번째 미디어 커머스 브랜드다. 집에 있는 것을 좋아하는 사람들(Homebody)을 연구(Labo)한다는 콘셉트로, 집 생활에 필요한 제품을 큐레이션하는 온라인 편집숍이기도 하다. 홈바디라보는 기존의 집을 소재로 한 커머스 비즈니스와는 근본적인 차이가 있다. 집을 하드웨어적 관점으로 바라보고

'공간'을 꾸민다기보다는 '집 생활' 또는 '집에 있는 사람'에게 초점을 맞추기 때문이다.

기존과 다른 관점으로 출발하는 것도 중요했지만, 콘셉트를 견고하게 만들고 더 나아가 차별화된 콘셉트를 고객의 피부에 닿게 구현하는 문제가 남아 있었다. 그래서 나는 차분히 출발점을 되새겼다. 집에 있는 것을 좋아하는 사람들을 연구한다는 출발점에 섰으니, 그 브랜드의 시작은 집에 있는 것을 좋아하는 사람에 대한 것이어야 했다.

'집에 있는 것을 좋아하는 이유는 무엇일까?'

답을 찾기 위해 집을 좋아하는 나 자신도 관찰해보고, 집 생활에 일가견이 있는 지인들을 인터뷰하고, 온라인 리서치를 통해 단서를 찾기도 했다. 답은 간단했다. 사람들은 집이 주는 '편안함' 때문에 완벽하지 않은, 있는 그대로의 집을 좋아하고 있었다. 이 편안함의 실체, 집 생활에 편안함을 구성하는 것들을 정의하고, 그 나름의 답을 활용한다면 홈바디라보의 콘셉트에 힘을 더할 것 같았다.

하나의 질문에서 시작해 다다른 '집 생활을 편안하게 만드는 4가지 가치'는 홈바디라보의 제품 카테고리를 완성하는 기반이 되었다.

◐ 집 생활의 실용적인 문제를 해결해 불편함을 줄여주는 '문제해결사'

- 집 공간에 분위기를 더해 머물고 싶은 공간을 만드는 '무드메이커'
- 집에서의 시간을 채울 취향을 제안해 좋아하는 것을 즐길 수 있게 하는 '취향편집자'
- 집 생활의 안녕과 지구의 안녕을 동시에 생각해 마음의 불편함을 완화하는 '에코프렌드'

홈바디라보는 이 4가지 가치를 기준으로 제품을 큐레이션한다. 집이라는 공간이 중심이 아니라 집에서 시간을 보내는 사람에 초점을 맞추기에 제품 카테고리도 식품, 의류, 가구 등의 제품류에 의한 구분이나 주방, 거실, 화장실 등 구역에 따른 구분 방식을 따르지 않는 것이다.

제품을 큐레이션하는 기준을 새롭게 세웠다면, 제품을 설명하는 콘텐츠에서도 '홈바디라보다움'을 만들고 싶었다. 제품을 구매하려는 목적이 아니더라도, 제품에 대한 설명 자체가 보고 싶도록 유익하면서도 흥미롭게 구성했다. 퇴사준비생 시리즈에서 다양한 매장을 새로운 관점으로 소개했듯이, 큐레이션하는 제품도 새롭게 바라보는 데 초점을 맞췄다. 그래서 홈바디라보에서 큐레이션하는 모든 제품의 상세페이지는 거래처로부터 제공받은 내용이 아니라 우리가 직접 고민하며 제작한 콘텐츠다. 제품이 설득력을 가질 수 있도록 콘텐츠의 깊이를 유지하지만 동시에 부담 없이 가볍고 쉽게 읽을 수 있는 콘텐츠를 만드는 데에 무게 중심을 뒀다.

콘셉트와 콘텐츠는 비즈니스를 하면서 늘 고민했던 영역이지만 홈바디라보를 준비하면서 새롭게 도전한 영역이 하나 있었다. 바로 '리틀 홈바디(Little homebodies)'라고 부르는 캐릭터다. 리틀 홈바디들은 집을 너무 좋아해 늘 집을 등에 지고 다니는 달팽이, 거북이, 소라게로, 집에서 보내는 시간을 좋아하는 사람을 상징적으로 표현했다. 캐릭터를 통해 '집을 좋아하는 사람이 당신 혼자가 아니니 함께 집 생활을 풍요롭게 만들 방법을 연구해보자'는 메시지를 전하고 싶었달까.

대표 캐릭터는 로고에도 등장하는 달팽이로, 이름은 홈팽이다. 아직 거북이와 소라게의 이름은 정하지 않았다. 나중에 홈바디라보의 팬들과 함께 이름을 지어주고 싶다. 리틀 홈바디들이 모두 각자의 이름을 갖게 되었을 때쯤에는, 홈바디라보도 제품을 큐레이션하는 데에 그치지 않고 콜라보 제품을 만들거나 자체 상품을 제작할 계획이다. 이때 리틀 홈바디들이 더 큰 활약을 해줄 것으로 기대한다.

디렉터의 일

'홈바디라보에서 온갖 것을 맡고 있습니다.'

홈바디라보를 만들면서 디렉터라는 직함의 쓴맛을 제대로 보고 있다. 디렉팅은 기본, MD이자, 마케터이자, 개발자이자, 에디터이자, 오퍼레이터여야 한다. n잡러가 트렌드라는데, 나는 n개의 직함을 가지고 있는 기분이다. 커머스 비즈니스도 새로운데 역할까지 광범위해지니 배울 것투성이다. 내가 모든 것을 다하지는 않지만, 대부분을 알고 있어야 한다.

론칭 전에는 브랜드 콘셉트와 비즈니스 모델을 정교화하는 데 가장 큰 힘을 썼다. 시장의 니즈, 회사의 리소스, 나의 역량 등을 고려하여 브랜드 콘셉트를 만들었고, 그 과정에서 홈바디라보를 어떤 비주얼과 톤앤매너로 커뮤니케이션할지에 대한 고민이 컸다. 집에 있는 것을 좋아하는 사람들이 공감할 만한 톤이면서 홈바디라보만의 룩을 만들고 싶었다. 콘텐츠 에디터가 조인하기 전 디자이너와 둘이 머리를 맞대고 브랜드의 비주얼의 기본이 될 BI를 만드는 작업을 했다. 디자이너가 스터디한 무드 보드와 콘셉트에 대한 내 생각이 만나 홈바디라보의 캐릭터, 로고 등이 탄생했다.

브랜드의 메인 컬러는 집 생활의 편안함을 표현하기 위해 블루 계열로 방향을 잡았고, 동시에 지루한 느낌을 배제하기 위해 쨍한 톤을 선택했다. 그렇게 우리끼리 '홈바디라보 블루'라고 부르는 색을 선정했다. 메인 컬러를 정하면 될 줄 알았던 그때, 홈페이지, SNS 채널 등을 만드는 과정에서 메인 컬러만으로는 일관된 브랜드 톤을 유지하기 어렵다는 사실을 알게 되었다. 배색 사전과 팬톤 컬러칩을 훑어가며 홈바디라보 블루와 어울리면서도 홈바디라보 블루를 더 돋보이게 해줄 서브 컬러, '홈바디라보 아이보리'를 찾았다.

브랜드의 컬러를 정하고 나니 전체적인 비주얼 방향성이 고민이었다. 브랜드 로고, 홈페이지의 전반적인 룩, 폰트 등을 결정하기에 앞서 급한 대로 '심플하게', '동양적인 느낌', '귀여운' 이런 모호한 표현으로 내부 커뮤니케이션을 했었다. 그러다 보니 많은 인원이 아님에도 불구하고 각자가 머릿속에 그리는 그림이 모두 달라 괴리가 생겼다. 그래서 외부 커뮤니케이션 이전에 내부 논의를 위해 브랜드가 지향하는 명확한 언어가 필요했다.

'Witty Minimal Magazine'

홈바디라보라는 브랜드를 전달하는 요소를 설정할 때 내부 소통을 위해 정한 방향성이다. Funny, Humorous가 아닌 Witty인 이유는 '웃기는' 브랜드가 아니라 '재치 있는' 정도의 톤앤매너를 유지하고 싶었기 때문이고, 단순함을 뜻하는 Simple이 아니라 Minimal인 이유는 무조건 단순한 비주얼이 아니라 이유가 있어서 단순한,

군더더기는 제외하고 본질은 남기는 단순함을 지향하고 싶었기 때문이다. 마지막으로 Magazine인 이유는 대중적이지는 않아도 한번쯤 사람들의 관심을 끌거나, 기호가 겹치는 사람이라면 꾸준히 찾는 잡지 같은 브랜드가 되고자 함이다.

형태적이거나 모호한 단어가 아닌 속성을 짚는 명확한 언어를 사용하자 그때부터 브랜드 빌딩에 한층 속도가 붙었다. 홈바디라보를 준비하면서 많은 일이 있었지만, 내부 커뮤니케이션을 위한 언어를 별도로 정했던 일이 기억에 많이 남는다. 함께 일하는 사람들이 같은 방향성을 생각하며 나가느냐가 일의 효율과 질을 결정한다는 사실을 체득했기 때문이다.

브랜드 콘셉트를 고민하는 동시에 나는 워크플랜을 짜고 상황에 따라 수정해 나갔다. 단계에 따라 나의 역할은 카멜레온처럼 변했다. 홈바디라보의 콘셉트, BI, 운영 방향을 어느 정도 정한 뒤에는 MD 모드로 수많은 편집숍 사이트와 브랜드 몰을 드나들며 트렌드와 브랜드에 관해 공부했다. 홈바디라보를 처음 오픈했을 때 임팩트 있으면서 동시에 홈바디라보의 콘셉트를 잘 드러내 줄 제품을 소싱하기 위함이었다. 스터디를 바탕으로 컨택할 수많은 브랜드를 나열하고 홈페이지도 제대로 마련되지 않은 상황에서 홈바디라보의 콘셉트만 가지고 하나씩 연락을 시작했다. 지금은 노련함이 생겨 크게 어려운 일이 아니지만, 당시 내향적인 나로서는 하루에도 몇 번이고 모르는 사람들에게 무작정 이메일을 돌리고 콜드 콜을 거는 일이 쉽지만은 않았다. 감사하게도 일면식도 없는, 될지 안 될지 모르는 씨앗 같은 파트너지만 믿고 흔쾌히 계약해준 파트너사들 덕분에 홈바디라보를 무사히 오픈할 수 있었다. 다시 한번 감사한 마음이다.

홈바디라보 오픈 이후에는 마케팅, 콘텐츠 에디팅, 운영, CS 등 수많은 분야의 업무가 돌아가고 있다. 다행히 콘텐츠 에디팅 업무는 8월부터 함께 한 콘텐츠 에디터 덕분에 많은 부분을 위임하고 순항하고 있다. 그러면서도 에디터와 함께 고민하고 더 나은 방향성을 제시하기 위해 제품의 헤드카피, SNS 콘텐츠를 함께 짠다.

꾸준한 매출을 위해 무작정 SNS 광고를 시작했다가 저세상 효율을 맛본 후로 천 리 길도 한 걸음부터라는 생각으로 마케팅 관련 강의를 찾아 들으며 하나씩 체계를 잡아가고 있다. 나중에 마케터를 채용하게 되더라도 지금 닦는 나의 기본기와 경험이 채용의 시너지와 모두의 발전으로 연결되리라 믿는다.

동시에 매일 정례적인 오퍼레이션과 예상할 수 없는 CS 업무도 하는데 솔직히 초반에는 이런 일까지 해야 하는구나 싶어 힘에 부치기도 했다. 하지만 지금은 작은 브랜드의 디렉터가 해야 할 일이 지금 내가 하고 있는 일이라는 것을 깨달았다. 반복되는 디테일이 브랜드를 탄탄하게 만든다.

다행스럽게도 나의 이 모든 여정에는 각자의 역할을 훌륭히 해내는, 고마운 동료들이 함께한다. 같이 일하는 사람들이 훌륭해서 내 어깨가 더 무겁다. 이 인재들이 브랜드가 성장할 때 함께 성장하며 일할 수 있도록 이끄는 것 또한 나의 몫이기 때문이다.

모두의 성장을 위해 홈바디라보에서 하나의 문화로 만들고자 추진하는 것이 있다. 바로 'F.I.M.'이다. 핌은 Friday Insight Meeting의 준말로 매주 금요일 오후 2시에 그 주에 각자가 어떤 영역에서든지 발견한 영감을 공유하는 30분짜리 미팅이다. 핌의 암묵적인 규칙은 사소한 것이라도 좋으니 1개 이상은 꼭 공유하되 일을 위한 일이 되지 않도록 영감들을 정리하지 않고 원본 소스를 그대로 보여주는 것이다. 콘텐츠, 마케팅, 기획, 디자인, 영상 등 온갖 영역을 넘나들며 섭취한 인풋을 자기만의 관점으로 소화해 지적 즐거움을 나누는 시간이다.

각 잡고 일할 때는 눈앞에 닥친 과제들을 해결하느라 새로운 생각이나 방향의 전환 등을 꾀하는 게 쉽지가 않은데 핌에서만큼은 그렇지가 않다. 짧은 시간이지만 핌에서 만난 생각의 재료들을 가지고 더 나은 우리를, 더 나은 홈바디라보를 만들어간다.

미국의 저명한 정신과 의사 아브라함 J.트워스키는 랍스터에 비유해 인간의 성장을 이야기했다. 랍스터는 껍질이 늘어나지 않아 몸이 자랄수록 껍질이 상대적으로 작아진다. 이때마다 랍스터는 스트레스를 받아 탈피하고 새로운 껍질을 만드는 과정을 수도 없이 반복한다. 사람도 마찬가지로 스트레스가 일어났을 때 성장할 타이밍을 맞이한다.

홈바디라보를 준비하기 시작한 첫날부터 지금까지 나는 늘 성장을 견인하는 긍정적인 스트레스와 함께였다. 그랬기에 쓰는 기획자에서 운영까지 할 줄 아는 기획자가 되었고, 콘텐츠 기획자에서 상품 기획자, 브랜드 기획자의 영역까지 넘볼 수 있게 되었다. 지금까지 몇 번의 탈피를 거듭했지만, 여전히 나에게는 소화해야 하는 성장의 기회들이 더 많이 남아 있다는 것을 안다. 어쩌면 작은 브랜드에서 디렉터라는 직함을 가진 사람이 정말 경계할 것은 잘 해내지 못하는 것이 아니라, 전의를 상실하는 것인지도 모르겠다. fin.

오이웍스(52works) @mulreong52
도시 속 일상을 유쾌하게 그리는 그래픽 디자이너 팀. 회사원 캐릭터 `물렁이`를
주인공으로 독립출판물 『회사시렁 1,2,3』 등 다양한 그래픽 작업을 하고 있습니다.

아트북페어
D-100

물렁이의
첫 페어 참가 체크 리스트

안녕하세요! 오랜 회사 생활로 뱃살이 불어난 물렁이 사원입니다.
회사를 다니며 처음 북페어를 참가했던 이야기를 들려드릴게요.

EP1. 페어 참가 신청

EP2. 아이디어 수집

EP3. 예산 정하기

EP4. 작업하기

EP5. 제작 단가 알아보기

EP6. 제작 완료 후 심리 변화

EP7. 부스 설치하기

EP8. 독자와의 만남

EP1. 페어 신청

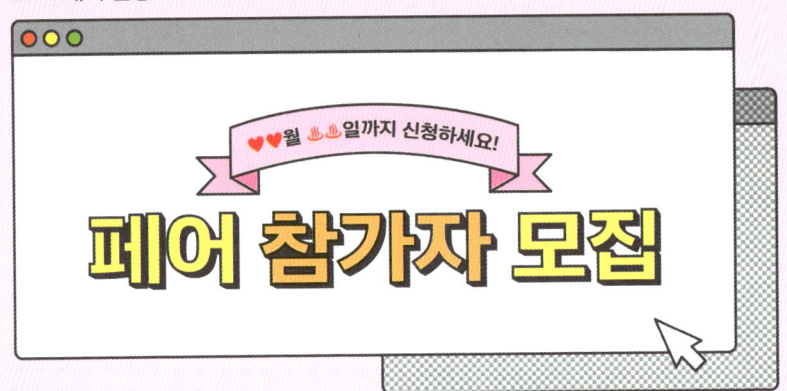

EP2. 아이디어 수집

EP3. 예산 정하기

EP4. 작업하기

퇴근 후 집 가는 길

집 가서 페어 준비해야지!

(스르륵)

① 책상에 앉는다.

어디 보자..

② 일단 책상 정리를 한다.

(부시럭) (부시럭)

③ 계속 정리한다.

아이구..
보지도 않는 것들..
책이 많네..

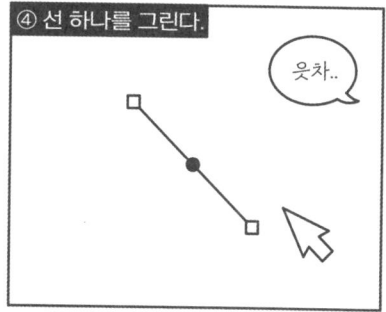

④ 선 하나를 그린다.

읏차..

⑤ 잘 시간이다. (미래의 나 화이팅!)

D-14

과거의 나...
용서하지 않겠다...

50페이지라도 그려야 해..!

발등에 불 떨어짐...

오이웍스 / 101

EP5. 제작 단가 알아보기

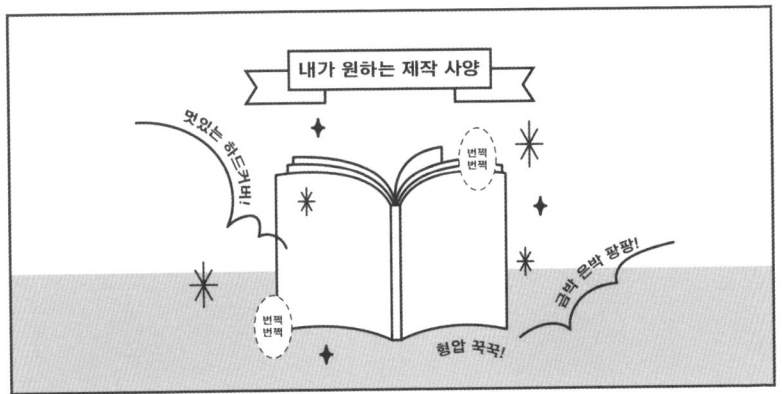

EP6. 제작 완료 후 심리 변화

EP8. 독자와의 만남

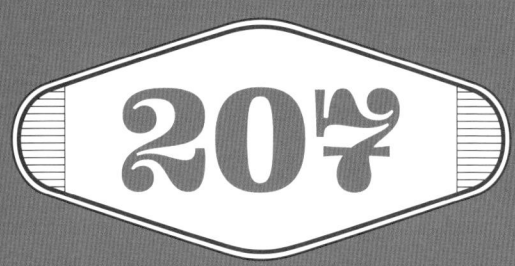

김영미 @_formoflife
경영학을 공부하고 마케팅 프로모션 기획/연출가로 일했습니다. 콘텐츠를 담아내는 새로운 형태를 고민하다 현재는 디자이너로 다양한 작업을 하고 있습니다. 삶을 균형 있게 꾸리기 위한 라이프스타일과 공간을 일의 중심에 두려고 합니다. 삶의 면면에서 의미를 찾아가는 과정과, 가지고 쥔 재주를 발전시키는 경험을 사랑합니다.

영감을 받았으면 실행할 차례!

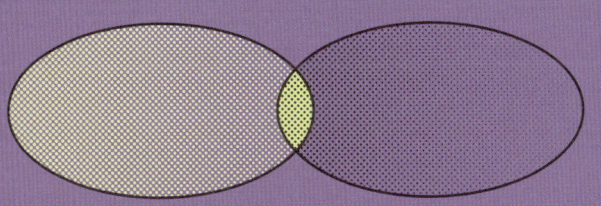

일과 관련 없어 보이는 취향을 '이게 나에게 도움이 될까',

'그건 나중에 시간 되면 해'로 하나, 둘 지워가며 걸어왔다는 것.

어른이 된다는 건 무언가를 꼭 잘하거나 경제력을 갖추는 것만이 아니라,

내가 가진 취향과 일도 연결지으며 또 새로운 세계를 키워가는 거였다.

scene #01
땅을 딛고 두 발로 설 수 있겠니

기획자에서 디자이너로 업종을 바꾼 중고 신입의 자신감은 쉽게 깎였다. 첫 사회생활을 시작할 때만큼 열정이 없었던 것은 아닌데, 무엇 하나 질문하기도 힘겨운 유리 멘탈은 대체 어디서 온 걸까. 게다가 디자인은 출중한 타인의 결과물들과 나를 비교 대상에 놓고 작아지기 쉬운 분야다. 비전공자에게는 더더욱. 과연 노련해지는 날이 올지 확신 없는 날들을 보내며 자기 의심은 커져만 갔다.

'나는 일을 정말 좋아한 걸까?'

출판사, 광고 대행사, 유아복 브랜드로 이리저리 구르며 경력을 쌓아 올리고, 콘텐츠 스타트업의 마케팅 디자이너로 자리를 옮겼다. 회사가 빠르게 성장하는 동안 안팎으로 협업 제안 등 좋은 기회가 왔지만 마음은 크게 다르지 않았다.

'내가 못해내면 어쩌지, 아직 모르는 게 많은데 결과물이 별로여서 사람들이 실망하면 어쩌지.'

내 자존감 도둑이 나여서, 어찌할 바 모르던 상황은 의외로 사이드 프로젝트를 시작하면서 조금씩 나아지기 시작했다. 처음부터 '해결책은 사이드 프로젝트지!' 했던 건 아니었다. 일을 좋아해서 잘하려고 고군분투하는 동료들 가까이에 서 있었던 것이 행운이었다. 경험을 바탕으로 자신만의 커리어 특징을 만들고 부지런히 키워가는 사람들 틈에서 만난 A와는 평소 여러 고민과 꿈에 관해 대화를 자주 나눴고, 어느 날 각자 만들어보고 싶은 창작물 이야기를 하다 진짜 만들어서 북페어에 연합 부스로 참여하자는 이야기가 나왔다. 협업이었다면 또 꼬리를 숨기고 뒷걸음질 쳤을 텐데 각자 완성해서 모이면 되는 일이라 덥석 해보기로 했다.

마음에 품고 있던 기획은 '할머니의 밭'을 그림책으로 내는 일. 몇 번 도와드린

농사 일이 재미있었기에 밭일하는 할머니 곁에 앉아 그림도 그리고, 레시피도 기록해 책을 만들면 재밌겠다, 좋겠다, 그런 마음으로 작업을 시작했다. "별거 아니야, 괜찮아" 하며 편하게 리드해주는 할머니와 있는 것도 좋았고.
북페어 참가가 사정상 미뤄지자 눈앞에 있던 목표가 흐려졌다. 어떻게든 완성을 해야 하는데, 이 책과 연계해 부엌 소품 같은 것도 제작하면 재밌을 텐데, 생각만 하고 있을 무렵 IR 제안서를 디자인해달라는 외주 의뢰가 들어왔다. 이상하게 '책을 디자인해줘'라는 건 무서웠는데 늘 쓰던 PPT(프로모션 기획자로 일할 때 하루에도 서너 개의 제안서와 실행계획서를 썼었다)를 디자인해달라는 건 어렵지 않았다.
외주비를 집행하려면 사업체로 등록이 되어있어야 한다고 했다. 그렇게 '그라운드'라는 이름의 1인 기업 대표가 됐다. 그라운드의 뜻은 여전히 할머니의 '밭' 이었다. 이 프로젝트를 언젠가는 꼭 완성하겠다는 의지의 표현 같은 거랄까. 그렇게 그라운드는 반년 넘도록 다른 사람들의 IR 제안서를 열심히 만들어주고 있었다.

scene #02
인생 지도를 그려볼까

회사 선배에서 좋은 친구가 된 B에게 메시지가 왔다.

_____ 나 오늘 퇴사한다. 인생지도 그려보려고 하는데 너도 할래?

복잡한 생각도 털어놓을 겸, 뭔지 모르겠지만 인생지도란 것도 그려볼 겸 퇴근 후 조용한 카페를 찾아갔다.

궁금하면 뭐든지 해보는 B는 잔뜩 챙겨온 색색의 펜과 종이를 테이블에 펼쳐놓더니 '인생을 돌아보며 그래프를 그리는 거야' 하고는 혼자 뭔가 그리기 시작했다. 멀뚱히 있기는 싫어서 한 살 단위로 삶을 쪼개 그간의 시간을 써 내려갔다.

'나, 일을 정말 좋아하나 봐.'

꼭 일에 관해 쓰자고 한 것도 아니었는데 언제부터 일을 하고 싶었는지, 그 일을 하기 위해 어떤 노력을 했는지, 몇 번의 이직과 퇴사가 있었는지 촘촘히 적힌 지도를 보고 솔직히 좀 놀랐다. 집에 돌아와 동이 틀 때까지 인생지도를 다시 그렸다.

더 놀란 건 **1)** 나에게 일은 '업'이 아니라, '회사'인 순간들이 있었다는 것, 늘 '회사'에 최적화된 인재가 되기 위해 그 회사 자체가 된 순간들이 많았다는 거였다. 일을 좋아한 게 아니라, 그 회사의 소속원으로 능숙해진 나를 좋아했던 것일 수도 있겠구나. 그래서 잘 맞는 회사를 끝없이 찾아다닌 건 아닐까.

2) 일을 좋아한다고 잘할 수 있는 게 아니었다는 것. 배우고 쌓은 재주가 일과 만날 때 능률과 재미도 함께 늘었고 그래야만 더 좋아하고 잘할 수 있었다는 것. 디자인이 어려웠던 건 전공이 아니라서, 모르는 게 많아서가 아니라 그런 프레임에 갇혀 배움과 발산을 부담스럽고 어렵게 느꼈기 때문이었다.

3) 일과 관련 없어 보이는 취향을 '이게 나에게 도움이 될까', '그건 나중에 시간 되면 해'로 하나, 둘 지워가며 걸어왔다는 것. 어른이 된다는 건 무언가를 꼭 잘하거나 경제력을 갖추는 것만이 아니라, 내가 가진 취향과 일도 연결지으며 또 새로운 세계를 키워가는 거였다.

좋아하는 것과 잘하는 걸 분리하고 추적해 왔다고 생각한 나로서는 큰 충격이었다. 인생에서 중요한 것, 지키고 싶은 것, 버려도 되는 것(버려야 하는 것). 못하는 것, 잘하는 것, 좋아하는 것, 싫어하는 것 등 생각나는 모든 것을 적고 키워드별로 그룹을 나눴다. 가족, 건강, 공간, 행복. 어떤 회사에 속하고 싶은지가 아니라 어떤 방향으로 삶을 이끌어 가고 싶은지 생각하자 초조함의 늪에서 빠져나와 우선순위를 매길 수 있게 됐다.

scene #03 삶의 모양

**라이프 디자인 스튜디오.
취향, 감정, 생각의 조화를 고민하고, 균형 잡힌 가치관에 맞는
결과물을 콘텐츠와 디자인 제품으로 만들어가는 곳.**

손을 쓰는 새로운 재주를 늘리고, 필요한 경험을 확장하고, 취향을 바탕으로
내 삶을 보다 풍요롭게 만들기 위해 일상을 디자인하는 스튜디오를
만들어보기로 했다. 비슷한 브랜드명이 있었던 그라운드 대신 새 이름도
필요했다. 이름을 짓기 위해 수시로 아이데이션을 했었는데, 지금 보니 웃긴
것도, 엉뚱한 것도 많아 웃음이 난다.
걷기를 시작하면서 많은 것이 달라졌기에 walk와 건강하게 먹고 오래
일하자는 뜻으로 eat을 합쳐서 'walkeat'. 아침이 곧 시작이니 일본어로
아침을 뜻하는 '아사(あさ)'. 내가 쥔 재주로 좋은 영향을 넘치게 많이 주자는
의미를 담아 '안다미로('담은 것이 그릇에 넘치도록 많이'라는 뜻의 우리말)'
재미있게, 재미와 어감이 비슷한 '제이미'. 건강, 행복, 잘 먹고 일 잘하는,
좋은 영향 같은 어휘를 영어, 불어로 적어 조합한 형태 모를 글자들.

'삶의 모양'이라는 브랜드 이름은 우연히 툭 떨어졌다. 디자인을 배울 때 만난 친구이자 활발하게 북디자이너로 일하고 있는 C를 만났다. "취향과 개성 있는 삶에 관심이 많아졌다. 주변에 그런 사람이 많은 게 자극이면서 행운이다"라는 얘기를 꺼내자 C는 "맞아, 결국 각자가 가진 삶의 모양이란 게 있는 것 같다"고 맞장구쳤다. 심장이 두근거렸다. C에게 좋은 네이밍에 대한 감사와 맛있는 저녁 대접을 약속했다.

다음은 시각적으로 일관되고 통일된 메시지를 전할 수 있도록 키워드, 컬러, 콘셉트를 정리해보기로 했다. '좋은 일상'을 살아가는 사람들의 이야기를 관심 있게 살피는 과정에서 '균형과 조화'라는 키워드가 남았다. 이를 시각적으로 표현할 수 있는 이미지나 폰트를 수집해 유사한 톤앤매너끼리 무드보드를 만들었고, 이를 바탕으로 일과 삶, 자연, 건강과 같은 다양한 모습에 균형과 조화를 적용해 편안함, 안정감, 따뜻함, 초록과 같은 컬러와 콘셉트를 추출했다. 그 후 이미지를 단순화하면서 브랜드명인 '모양', 메인 키워드인 '균형과 조화'를 잘 보여줄 수 있는 로고를 만들었다. 시소, 저울 같은 기본적인 아이데이션을 시작으로 형태가 불분명한 도형까지 다루다가 자연 속에서 자유롭게 뛰어오른 균형감 있는 사람의 모습이 가장 적합하면서 매력적이라 이를 선과 도형으로 발전시켰다.

정리된 컬러와 로고는 지류와 섬유에 인쇄해 보면서 소재에 대한 특징을 살피고 가장 '삶의 모양다운 초록'은 어떤 것이 좋을지, 로고의 선과 면이 실제로 제품에 활용되었을 때 단점은 없는지 살펴 보완해가고 있다. 하루가 무척 빠르게 흘러간다.

scene #04
첫 번째 프로젝트, 일의 모양

삶의 모양은 특정 주제를 정하면 그에 따라 결과물을 내는 프로젝트별로 진행하고자 한다. 첫 번째 주제는 '일의 모양'. 일과 일상의 균형을 잘 맞출 수 있도록 일의 패턴과 근육을 만들어나가는 지극히 개인적인 프로젝트부터 시작했다. 이 기록을 쌓다가 콘텐츠나 상품으로 뻗어 나갈 수도 있다.

사회생활 10년 차를 넘기다 보니 역할의 변화가 요구된다. 실무는 후배들에게 맡기고, 그를 매니징하는 관리자로 넘어서게 되는 순간은 조직의 크기나 분위기에 따라 다르지만 계속하다 보면 언젠가는 온다. 내가 경험한 매니저로의 발돋움은 지식과 배움보다 처세와 판단의 역량을 더 필요로 하는 일이었다. '이 연차면 이거 해야 하지 않나' 하는 경계선을 밟았을 때 내 판단은 매니저가 아니었다. 오래도록 '작업하는' 메이커가 되어 몸담은 분야의 베테랑이 되고 싶다.

스물여섯. 처음으로 메인 기획자가 되어 프로젝트를 완수한 날. 밤을 새워가며 만든 그림 속 무대가 눈 앞에 펼쳐지고, 행사를 알리는 무전이 시작될 때의 짜릿함은 오랜 시간이 지난 지금도 심장을 뛰게 한다. 힘들어도 '해냈다'는 생각이 다음 일을 할 수 있는 큰 힘이 돼주었던 그때처럼 오늘도 내일도 '해냈다, 또 하고 싶다, 진짜 재밌다' 하며 현장을 뛰어다니고 싶다.

scene #05
프리랜서로 전향한 이유와
그로 인해 누리게 된 것

오래도록 일하기 위해 필요한 것이 많다. 배울 것도, 좋은 일꾼으로서 갖춰야 할 역량도 많고, 나만의 작업도 해야 한다. 동그라미를 그리고 하루 계획표를 짜봤다. 현실의 나는 왕복 서너 시간을 출퇴근에 쓰고 있었다. 답이 안 나왔다. 선택과 집중을 해야 할 때 퇴사를 결정했다. 프리랜서로 전향한 뒤에는 '루틴 만들기'에 각별히 신경을 썼다. 정해진 시간 안에 오늘의 리소스를 잘 배분해서 쓰기 위해 구글 캘린더와 노션으로 일정과 할 일을 관리하고, 프리랜서 셋이 공유하는 소셜미디어 계정에 각자 그날의 아침식사와 할 일을

업로드하며 출근했음을 알린다. 비슷한 시기에 퇴사한 B와는 월 단위로 업무 회고를 하며 아이디어와 조언을 나눈다.

걱정한 것보다, 프리랜서의 삶에 잘 적응해가고 있다. 이전에도 여러 번 퇴사한 경험이 있다. 퇴사와 입사 사이마다 지친 몸보다 뭘 해야 할지 몰라 지친 마음이 더 힘들었다. 하지만 외주 디자인 작업으로 생활비를 벌며 내 브랜드를 만들어보겠다고 마음먹고 움직이는 지금은 '여유를 부리는 여유'도 생겼다. 아침에 제철 채소로 간단히 조리한 조용한 식사를 할 수 있고, 점심때는 낮잠 30분도 가능하다. 저녁때는 산책할 시간이 있다. 최근에는 종종 캠핑장에 가서 바다를 보며 일한다. 그 시간의 생산성이 마음에 들어 텐트를 조금 더 넓은 것으로 장만했다.

내게 맞는 루틴으로 일상과 일의 균형을 잡으니 그것에서 오는 좋은 에너지로 밀도 높은 일하기가 가능해졌다.

scene #06
동화책 만들기

매주 목요일과 금요일은 오후에 2시간씩 창작 스튜디오에서 일한다. 아이들이 직접 기획하고 쓴 글로 동화책을 만드는 수업인데, 책에 들어갈 삽화와 표지를 첨삭해주고 그것을 디자인해 동화책으로 완성하는 일이다.

아이들 곁에 있으면서 틀린 것과 다른 것의 차이를 자주 체감한다. 때 묻지 않은 창작 세계를 보고 있으면 빈 도화지의 자유로움에 대해 더 편안하게 생각할 수 있어 소중한 시간이다. 좋은 영향은 때로 전혀 예상하지 못한 곳에서 찾아온다.

scene #07
두 번째 프로젝트, 부엌의 모양

삶의 모양 두 번째 프로젝트는 '부엌의 모양'. 좋은 식재료와 요리로 건강한 삶을 유지한다는 메시지를 갖고 부엌이라는 공간을 더욱더 풍요롭고 아름답게 가꿀 수 있는 오브제를 만들고 판매하는 프로젝트다.
인스턴트로 끼니를 때우고 하루 한 끼를 겨우 챙겨 먹는 날들이 있었다. 지금은 할머니 밭에서 난 식재료를 자주 받아오고, 건강한 삶에 대한 욕구가 생기다 보니 시간이 날 때마다 자주 요리를 한다. 제철 식재료로 생기 가득한

부엌에 머무르는, 맛있게 먹어줄 누군가를 생각하며 조리하는 시간이 즐겁다. 언젠가부터 나에게 부엌은 그날의 일과와 안부를 묻고 고단함을 응원하는, 추억 가득한 공간이 되어가고 있다. 얼마 전부터는 빈티지 그릇 수집에 취미를 붙였는데 맛있는 순간과 누군가의 행복한 대화가 담겼을 그릇을 보고 있으면 내 부엌에도 그런 시간이 차오르는 것 같다.

몇 년 전 여름, 프랑스 니스로 휴가를 다녀왔다. 오래된 재래시장을 좋아해서 여행지에서도 꼭 방문하는 편인데, 마침 오래된 올리브오일 가게가 있다는 소문을 듣고 찾아갔다. 패키지부터 함께 장식된 타월까지 눈이 너무 즐거운 공간이었고 이런 예쁜 병이 부엌에 많으면 요리할 맛 나겠다 싶었다. 향신료, 테이블보와 행주를 만든 패브릭, 커피잔에 들어간 패턴과 디자인을 살펴보면 정말 매력적인 게 많다. 과일과 채소도 그들과 함께 있으면 더 예뻐 보인다. 직접 패턴을 만들고 소품을 디자인하면 재미있을 것 같았다. 요리하는 시간을 더 행복하게 만드는 재료와 도구를 제작해 판매하겠다고 마음먹으니 신이 나기 시작했다. 미뤄둔 채 잊혔던 '할머니의 밭'도 떠올랐다. 밭에서 나고 자라는 농작물을 패턴화해도 재미있을 것 같았다.

scene #08.
첫 아이템은 뭐가 좋겠습니까

오래전에 분위기도 맛도 좋은 레스토랑에서 저녁을 먹다 눈에 들어온 것이 있었다. 내추럴한 수채화 같은 꽃무늬가 담긴 커다란 앞치마가 벽에 걸린 모습. 내 브랜드 론칭을 준비하거나 뭔가 판매하겠다는 생각도 하지 않을 때였는데 '와 나 저런 거 만들어서 팔고 싶다!'고 외쳤던 기억이 난다. 부엌의 모양을 구성하는 것 중 각종 키친 클로스, 고무장갑, 설거지 솔, 그릇까지 제작하고 싶은 것은 정말 많다. 하지만 예산과 일정을 고려해 무리하지 않는 선에서, 브랜드 가치관과 가장 잘 맞고 실제로 사용한 경험이 있는 것 중에 직접 그리고 제작해볼 수 있는 아이템을 우선 진행하기로 한다.

scene #09.
준비할 건 태산인데 고민은 많고

다회용 냅킨이나 행주로 쓰기 좋은 키친 클로스 제작과 빈티지 그릇 판매를 준비한다. 키친 클로스는 흡수와 건조가 수월해 마음 놓고 사용할 수 있는 소재를 찾고 있다. 자연과 조화를 맞출 수 있는 친환경 소재도 눈에 들어온다. 예쁜 디자인과 사용감 두 마리 토끼를 잡기 위해 절충안을 찾고 있다. 직접 스케치한 원단도 제작하려고 작은 스케치북에 틈틈이 그림을 그린다.
빈티지 그릇은 컵과 소서가 메인으로, 중고 물품인 대신 새로 만들지 않아도 돼서 환경에도 도움이 되고 추억이 깃든 오랜 친구처럼 함께 나이 드는 기쁨이 있다. 유럽권 웹사이트를 뒤져 1년째 천천히 사 모으고 있는데, 요즘 제작되는 새 제품과는 다른 고즈넉한 아름다움에 감탄을 금치 못했다. 대량 생산이나 도매가 아니므로 내가 들여오는 가격도 이미 가격대가 예상보다 높아 접근성이 좋은 브랜드로 포지셔닝을 하려면 마진을 거의 남기기 어렵겠다는 단점도 있다. 또 개중에는 와장창 깨져서 온 것도 있어서 나도 배송 시 포장을 각별히 신경 써야 한다는 경각심을 갖게 됐다. 또한 그릇이라는 품목은 식약처 신고와 인증이 필요해서 진행이 더디다. 고민이 깊어지는 날들이다.

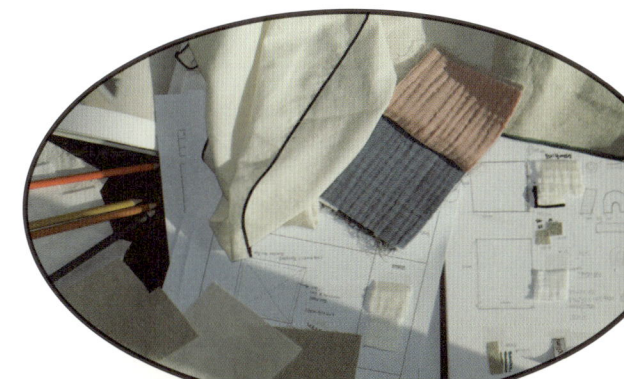

scene #10.
진짜 시작, 제작에 돌입했다

경험해본 사람은, 아니 견적이라도 내러 다녀본 사람들은 안다. 제작처 사람들에게 제작 사양과 수량을 설명하고 제작 단가를 협의하는 일이 얼마나 피곤한 일인지. 오랜 파트너십이 형성된 거래처를 갖고 있는 게 아니라면 물건을 받기까지 엄청난 마음고생이 이어진다. 그래서 패브릭 제품은 제작 에이전시를 끼고 진행할 예정이었는데, 다양한 샘플로 성에 찰 때까지 수정을 거치며 제작하기 위해 직접 공장을 알아보고 진행하기로 했다. 이 험한 경험이 결국 제조업자에겐 자산이 되리라. 원단과 공정에 대해 책으로 먼저 공부한 뒤 동대문시장 등 원단 가게에서 패브릭과 부자재 샘플을 사 모았다.

검색의 검색, 수소문의 수소문을 거듭해 파주에 있는 옷부터 타월까지 다양한 패브릭 제품을 만드는 공장과 미팅을 진행했다. 동대문에 비해 사는 곳과 가까워서 시간을 효율적으로 쓰는 장점도 있다. 지역 내 잘 알려지지 않은 봉제처를 찾기는 쉽지 않았는데 인터넷 검색에는 한계가 있어 소잉 협회를 통해 소개를 받아볼까 고민하다 내가 택한 방법은 현재 거주 중인 지역 상공회의소에 연락해보는 것이었다. 여러 회원사를 돕고 안내하는 곳이다 보니 거래가 가능한 곳을 담당자가 알려주었고 근거리 봉제처와 디지털프린팅 업체를 소개받을 수 있었다. 대부분 천 개, 만 개 단 위로 제작 수량이 올라가지 않는 한 제작 단가는 고만고만하다. 그래서 300장이냐 500장이냐 고민하지 않고 부담 없이 100장부터 제작해보기로 했다.

소셜미디어형 인간은 아니지만 '삶의 모양' 오피셜 계정 @_formoflife도 만들었다. 지금까지 풀어놓은 기획에서 탄생한 것은 바로 그 계정에 업로드 예정. 이야기는 계속된다. ⓕⓘⓝ.

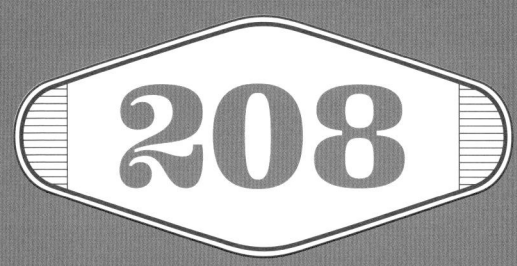

버닝피치 @burning_peach

사계절 내내 볼이 빨간 일러스트레이터. 홍익대 회화과를 졸업한 뒤 휘슬러,
LG생활건강, 한진관광, 교원 등 여러 기업의 광고, 사보 일러스트를 작업했고, 다수의
단행본에 그림을 그렸다. 직접 그리고 쓴 그림책으로 『기차는 치익치익』이 있으며,
2020년 북스타트 도서로 선정되어 더 많은 사람들과 나눌 수 있었다. 현재 한 아이의
엄마로서 새롭게 배우고 커가는 중이다.

지금 가장 간절한
휴식의 풍경

고요한 선이

선을 만나는 동안

그리웠던 풍경이 눈앞에 나타나고,

그러다 익숙한 냄새도 나는 것 같습니다.

늦은 아침식사는 뭘로 할까요?

따끈하게 커피 한 잔 내려줄게요.

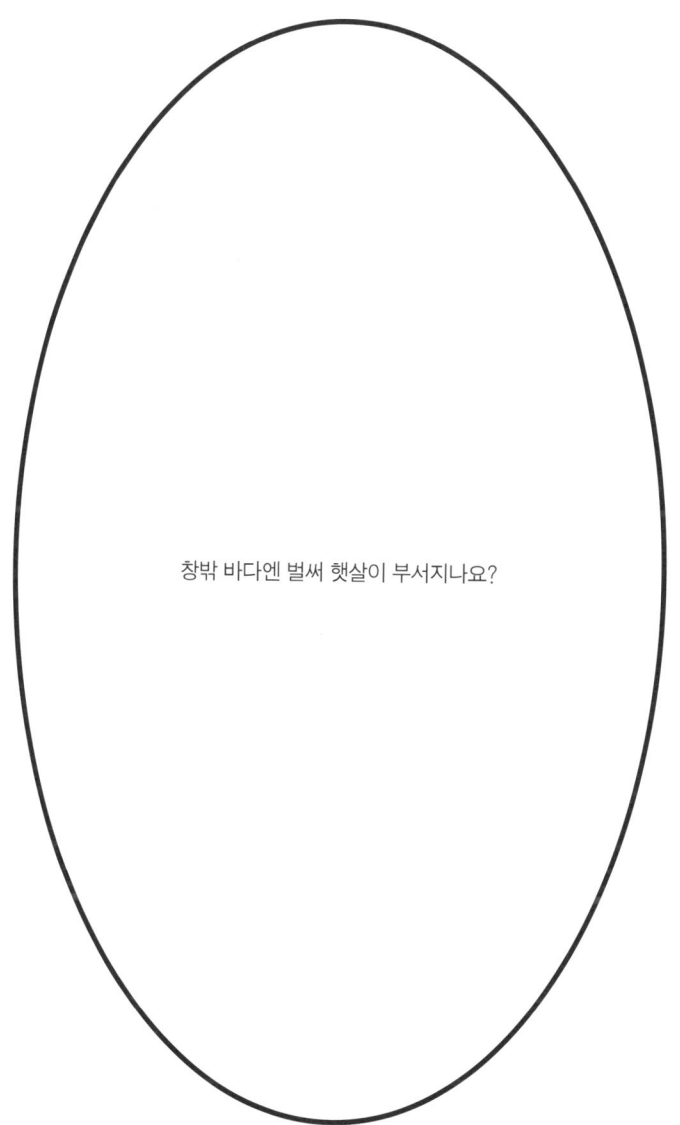

창밖 바다엔 벌써 햇살이 부서지나요?

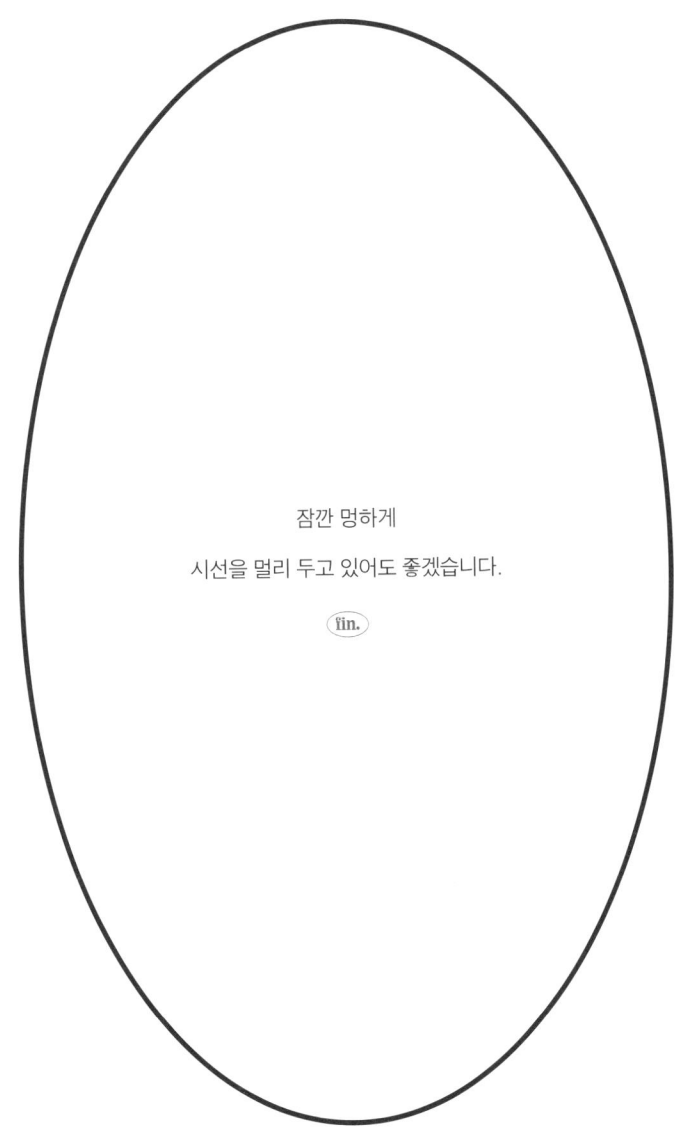

잠깐 멍하게

시선을 멀리 두고 있어도 좋겠습니다.

fin.

Members' Lounge

내가 생각해도 정말 열심히, 멋지게 해낸 날을 위한 하프 보틀 샴페인

모엣 샹동
Moet&Chandon
375mL

냉장고 한편엔 캔맥주가 늘 빠지지 않았다. 지친 하루를 위한 작은 보상. 대충 과자 한 봉지를 뜯어서 차가운 맥주를 마시는 것으로 위안을 받는다. 가끔 오늘처럼 나의 일에 공감해주는 사람 없이 고군분투한다는 생각이 들면 괜스레 쓸쓸함이 감돈다. 혼자서 무언가를 기획하고 계획을 짜다 보면 타인을 설득하는 수고로움은 덜 하지만 때로는 공허하다. 괜히 시끄럽게 텔레비전을 틀고 맥주를 벌컥벌컥 마시며 부정적인 생각을 옆으로 밀어낸다.

그런데 지친 날보다 더 외롭고 쓸쓸한 순간이 있었다. 오롯이 내가 기획하고 만들어낸 것을 세상에 선보이는 날. 오랫동안 준비해온 내 새끼 같은 기획이 세상 밖으로 나와 긍정적인 결과를 만들어내는 건 상상만으로도 벅찬 뿌듯함이다. 사람들의 반응에 대한 초조함은 잠시 뒤로하고, '아, 나 오늘 정말 잘한 것 같은데, 내가 생각해도 정말 멋있었는데, 역시 난 해낼 줄 알았어!' 하며 온 동네를 뛰어다니고 싶은 기분이 드는 날. 그 터져 나오는 감정을 나눌 곳이 없을 때도 괜히 마음 한구석이 공허하다. 새로운 일을 벌이는 건 힘들 때도 좋을 때도 늘 외로움이 동반되는 건가 보다. 하지만 아무 일도 없다는 듯 넘어갈 순 없다. 기쁨을 함께할 다른 사람을 찾을 필요도 없다. 오늘은 나한테만 집중하는 자아도취의 날을 보내기로 한다. 이럴 때 냉장고에 준비해둬야 할 건 지친 날의 맥주가 아닌 칭찬해주고 싶은 나 자신을 위한 한 병의 샴페인 아닐까? 잔 속에서 뽀글뽀글 올라오는 기포는 응원과 칭찬의 소리인 것만 같다. 물론 혼자 샴페인 한 병을 열기가 망설여지는 건 이해한다. 가격도 싸지 않고 코르크를 오픈하는 펑 소리도 혼자 듣긴 머쓱하다. 다 비워내지 못해 결국 김빠진 콜라처럼 될 일도 걱정이다. 그러다 보면 '에이 혼자 무슨 샴페인이야'라는 생각에 그냥 맥주나 먹다 남은 와인으로 손이 가게 된다. 하지만 기쁜 사실 하나. 그 어떤 와인보다도 하프 보틀로 구하기 쉬운 게 바로 샴페인이라는 점이다.

샴페인은 프랑스 샹파뉴 지역에서 만들어지는 스파클링 와인으로, 이외의 지역에서 만들어진 스파클링 와인에는 샴페인이라는 이름을 붙일 수 없다. 우리가 잘 알고 있는 스페인의 까바는 샴페인이 아니지만 모엣 샹동이나 뵈브 클리코는 샴페인이다. 샴페인은 주로 축하할 일이 있을 때나 식전주로 마시는 경우가 많다. 한 번 마시는 양은 적은데 오픈하면 기포가 빠지기 시작하기 때문에 일반 스틸 와인보다 상대적으로 더 다양한 사이즈의 보틀을 구하기 쉽다. 전 세계 샴페인 중 가장 소비량이 많은 와인 중 하나인 모엣 샹동의 경우, 일반적인 750mL는 물론 그보다 크거나 작은 다양한 용량으로 판매된다. 절반 사이즈인 375mL의 하프 보틀보다 더 작은 200mL짜리 미니 모엣 샹동도 있는데 정말 귀엽다.

흔하고 생산량이 많아서 애호가들에게 외면받기도 하지만, 사실 모엣 샹동은 제법 맛있는 샴페인이다. 예쁘고 투명한 금빛 액체에 예쁜 기포가 보글보글 올라오고, 갓 구운 빵이나 비스킷으로 설명되는 샴페인만의 고소한 이스트 향도 균일하다. 입 안에 감도는 적당한 산미도, 뒷맛에 남는 과하지 않은 여운도 좋다. 쉽게 살 수 있고 세일도 자주 하며 핑크빛 로제도 산뜻하고 맛있다.

작은 샴페인을 가볍게 퐁 열어 플루트 글라스에 따른 뒤 혼자만의 축하 시간을 가져보자. 같이 먹을 음식은 어떤 것이든 상관없지만,

너무 거창한 음식은 별로다. 가볍고 산뜻하면서 와인과 어울리는 음식, 예를 들면 방울토마토와 초생강 샐러드. 산뜻한 토마토 샐러드는 프로세코 같은 신선한 와인에 어울리지만 초생강을 넣으면 얘기가 달라진다. 매콤하고 톡 쏘는, 맛의 킥이 생긴다. 생기 있는 과실 향과 고소한 이스트 향이 뒤엉킨 샴페인에 제격인 심플한 음식이다. 보통은 토마토에 칼집을 넣고 살짝 데쳐 껍질을 벗긴 후 마리네이드를 하지만, 초생강이 들어가니 그런 귀찮은 과정은 생략한다. 방울토마토는 반으로 썰어 준비해두고, 생강은 초밥을 먹고 남은 것도 괜찮다. 작은 유리병에 식초와 올리브오일을 1:1로 섞고 입맛에 맞게 소금과 설탕을 약간 넣어 뚜껑을 닫고 힘차게 섞으면 드레싱이 완성된다. 이 드레싱 초생강과 토마토를 섞으면 끝. 달콤한 토마토의 과즙과 아삭한 생강의 조화가 재밌다. 고소한 샴페인을 입에 털어 넣으면 '나 심지어 요리까지 잘하네' 하며 어깨가 으쓱해질지도. 내일부터 다시 겸손한 자기 검열을 하게 되더라도 샴페인을 마시는 이 순간만은 한껏 자아도취에 빠져보자. 오늘은 그래야만 하는 날이니까.

류예리 @ordinary.anniversary
브랜드 마케터로 일하던 중 런던의 르 꼬르동 블루에서 프랑스 요리과정을 수료했는데, 요리와 함께 가볍게 시작한 와인에 도리어 흠뻑 빠졌다. 그후 연희동에서 와인숍 '오디너리 애니버서리'를 운영했고, 와인 페어링북 『열두 달의 와인 레시피』를 출간했다. 지금은 와인을 둘러싼 다양한 주제의 워크숍을 진행하며 와인을 통해 일상을 가꾸는 콘텐츠를 만들고 있다.

신지혜 @mitramour / @naturaproject.kr
요가수련생이자 요가강사. 환경에세이 『무해한 하루를 시작하는 너에게』 저자.
친환경 웰니스 커뮤니티 '나투라프로젝트' 운영자(2018~). 온라인 요가 커뮤니티
'요가포굿라이프' 운영자(2020~).

커뮤니티를

리스크를 최소화하고자 시작은 혼자였다.

나투라프로젝트로 프로그램을 기획하고 사람들을 모집하는 일을 해왔기에 어떤

순서로 진행해야 할지 잘 알고 있었다. 혼자 운영하는 것이라 시장에 형성된

가격보다 조금 낮게 책정할 수 있었고 그 덕분인지 많은 사람이 호응하고

참여했다. 디렉터와 강사 역할을 다 소화하는 게 버거웠지만 그 힘듦이 무색하게

시간이 갈수록 신청자는 늘었다. 세 달간 진행하며 이 커뮤니티에 확신이 섰고,

나투라프로젝트와 분리해 요가만을 위한 커뮤니티를 만들기로 결정했다.

운영해보고 싶으세요?

커뮤니티를
운영해보고 싶으세요?

방황 끝에 요가강사를 시작하면서 이 일이 천직이라고 생각했다. 좋아하는 사람들을 만나면 없던 에너지도 어디선가 솟아오르는 내가, 세상에서 제일 좋아하는 요가를 사람들에게 가르쳐주고 있자면 이보다 더 재밌는 일이 없었다. 그런데 요가강사만큼이나 더 강렬하게 꽂힌 일이 생겨버렸다. 바로 커뮤니티 기획과 운영이었다.

처음에 단순히 야외에서 요가를 하는 시간으로 시작해 명상, 비건 파티, 나아가 친환경 캠페인으로 확장된 것은 우연이 아니다. 나는 건강한 삶의 방식에 관심이 무척이나 많았고, 그 방법의 하나로 요가가 내 삶에 단단히 뿌리내렸고, 그렇게 챙긴 나의 건강은 지구의 건강과 무관하지 않았다.

좋은 건 자꾸 알리고 싶고 나누고 싶은 법. 커뮤니티를 통해 좋은 걸 제안하고 그로 인해 행복해하는 사람을 볼 때면 자주 황홀하다. 그게 중독성이 있는지 일상에서도 툭툭, 자다가도 툭툭 아이디어가 떠오른다. 그럴 때면 벌떡 일어나 '이거 꼭 해봐야지' 하며 메모를 남기곤 한다.

커뮤니티를 운영하며 정말 많이 행복해졌고 건강해졌다. 기획의 기역 자도 모르던 프리랜스 요가강사였던 내가 커뮤니티 기획을 하게 된 이유가 무엇인지 묻는다면 그저 순수한 열정과 신념이라고 답하고 싶다.

건강과 자연을 주제로 요가, 명상, 플로깅, 클린산행 등을 진행하는 나투라프로젝트를 운영한 지 4년 차에 접어들었다. 그리고 프로젝트를 통해 만난 사람들이 기획자인 나를 보고 늘 놀라는 건 두 가지 때문이다. 하나는 내가 회사생활을 거의 해보지 않은 (특히 기획일) 성악 전공의 요가강사라는 점, 또 하나는 커뮤니티 운영을 오롯이 혼자 하고 있다는 점이다. 아마 다양한 종류의 이벤트를 제법 큰 호응을 받으며 벌이고 있기 때문이라고 예상한다. 점점 일이 많아져서 최근에는 뜻을 함께할 팀원을 눈 크게 뜨고 찾는 중이다.

커뮤니티 운영은 그야말로 내가 덕업일치할 수 있는 판이고, 많은 사람에게 영감과 행복을 주고 있으며, 앞으로 더욱 선한 영향을 미칠 것이라고 생각하니 몇 년 전 회사를 박차고 나온 게 전혀 아깝지 않다.

🔑 나는 호스트에 어울리는 사람일까?

일회성이 아닌 정기적인 커뮤니티 운영을 꿈꾼다면 아래 여섯 가지를 점검해보자.

1. **사람을 좋아하고 만나는 일을 즐거워하는가?**
   사람을 편안하게 맞이하는 것이야말로 자연스럽고 안정감 있는 커뮤니티의 분위기를 좌우한다.

2. **책임감 있고 부지런한가?**
   다수와의 약속을 성실하게 지키려면 반드시 필요한 부분이다.

3. **꾸준하게 진행할 수 있는 근성이 있는가?**
   최소 1년 이상은 꾸준히 진행해야 변함없이 운영되는 커뮤니티라는 인식이 자리 잡힌다.

4. **예민하면서 둔감한가?**
   어려운 이야기다. 사람들이 무엇을 필요로 하는지에 대한 예민한 감각은 필요하지만, 또 그에 대한 반응에 대해서는 감정적으로 일희일비하지 않는 평정심이 필요하다. 특히 야외 활동과 관련한 커뮤니티는 날씨의 영향으로부터도 무던해져야 한다.

5. **잠깐 트렌드가 아닌 진짜 관심사인가?**
   그래야 단순 흥미로 끝나지 않고 오래 유지할 수 있다.

6. **전하고자 하는 메시지가 명확한가?**
   그것이 커뮤니티를 진행하며 울고 웃는 일이 생겨도 유지하는 원동력이 되어준다.

♀ 사람을 모으기 전에 준비할 것들

2018년, 아름답게 피어나는 벚꽃을 보며 마음이 들썩이기 시작했다. 올해야말로 꼭 야외 요가를 진행하겠다는 결심은 굳었다. 당시 근무하던 요가 아카데미에 하고 싶은 일을 설명했지만 돌아오는 답은 "NO"였다. 그저 원하는 사람을 모아 야외에서 요가 수업을 해보겠다는 건데 왜 안되는지 야속했지만 결국 퇴사를 감행했다. 이렇게까지 해야 하나 불안감이 없는 것은 아니었다. 다만 선택해야 한다면 하고 싶은 일을 시도해보는 쪽이었다.

오랜 시간 애정을 쏟았던 곳을 내 발로 나온 일을 후회하지 않도록 최선을 다할 마음이었다. 하고 싶은 일은 굉장히 단순했다. 수많은 여행지를 오로지 요가하러 오가던 시간에 키워온 꿈, 푸른 잔디 위에서 사람들과 요가를 해보겠다는 거였다. 이전까지 이벤트로 야외요가가 진행되는 일은 종종 있었지만, 나는 정기적으로 꾸준히 진행하길 원했다. 문화로 자리를 잡으려면 꾸준함이 필요하다고 믿었기 때문이다.

1. 우리나라에서 진행되는 야외요가에 참여해본다.

1년 내내 따뜻한 동남아처럼 사방이 뚫려있는 요가 공간은 우리나라에서 찾을 수도 만들 수도 없었다. 그렇다면 야외활동이 가능한 계절에 최대한 자연환경을 활용하여 요가클래스를 여는 수밖에. 퇴사 날짜를 정한 뒤 나는 한 공원에서 진행되는 야외요가 이벤트에 참여했다. 숲에서 진행되었지만 행인들이 지나는 길과 거리가 너무 가까워서 뚫어져라 바라보는 시선이 부담스럽고 신경 쓰였다. 또 다른 클래스에서는 그늘 하나 없는 땡볕이 더워서 중간에 멈춰야만 했다.

2. 어디서 진행해야 할까?

참가자 입장에서 직접 경험해보는 건 무척 중요하다. 또 해외에서 수차례 경험했어도 우리나라 환경은 또 다르기 때문에 최적의 공간을 찾는 게 급선무였다. 앞서 한 체험을 바탕으로 사람들의 시선이 가급적 적게 느껴지는, 요가하기 쾌적한 장소와 시간을 찾기로 했다. 후보로 떠오른 곳을 찾아가 아침부터 저녁까지 돗자리 한 장 깔아놓고 앉아 있기 시작했다. 어디서 어디로 해가 뜨고 지는지, 어떤 시간대에 나무 아래서 해를 적당히 피할 수 있는지, 사람이 몰리는 때와 고요한 때는 언제인지. 틈만 나면 이곳저곳 옮겨 다니며 요가를 하고, 가만히 하늘을 올려다보며 누워 있기도 하고, 공원 풍경을 관찰했다. 그러다 보니 적당한 장소와 시간대를 파악할 수 있었고, 어떤 계절에는 어떤 프로그램이 어울릴지 머릿속에 그려지기 시작했다.

*어디든 관리처의 허가는 필수다. 내가 자주 진행하는 분당구청은 배너나 현수막 같은 홍보물을 게시하지 않으면 별도의 허가 없이 진행 가능하다는 답변을 받았다.

3. 프로젝트 이름을 정한다.

'미트라요가', '야외요가'는 식상했다. (미트라는 나의 요가강사 활동명이다.) 커뮤니티의 이름이 정확하게 필요했다. 내가 어떤 일을 하고 싶은지 잘 이해하고 있는 친구들을 찾아가 아이디어를 모았다. 그중 '나투라'가 귀에 딱 들어왔다. Natura, 자연이라는 뜻의 라틴어다. 다른 친구는 내가 요가 말고도 관심사가 많으니 '나투라요가'보다는 넓은 의미의 단어를 붙이면 좋겠다고 말했다. 그렇게 '나투라프로젝트'가 탄생했다.

가깝게 지내던 디자이너가 로고를 만들어주었다. 나뭇잎이 그려진 로고에 계절마다 다른 옷을 입혔다. 슬로건은 "Think Happy, Stay Happy". 자연 안에 머무는 동안 행복하기를, 그리고 그 행복이 일상에서도 지속되기를 바라는 마음이었다.

4. 사업자 등록하기

수업료로 돈이 오가는 일이니 결제 시스템을 정식으로 갖추고 싶었고 납세의 의무에도 충실해야 하므로 사업자가 필요했다. 앞으로 뭐가 될지는 모르겠지만 나는 나투라프로젝트에 소속되고 싶으니, 내가 나를 고용하자는 마음도 있었다. 야외 요가클래스는 대부분 이벤트처럼 진행되다 보니 주변에 사업자 등록을 한 선배가 없어서 무슨 업종으로 해야 할지 물어볼 사람이 없었다. 세무서 직원에게 구구절절 하는 일을 설명했고, '커뮤니티 서비스'라는 업종을 권유받았다. 부가가치세 면세업종이라 더 좋았는데 몇 달 뒤 이 업종 때문에 폐업 후 다시 사업자 등록을 해야 하는 일이 벌어졌다. 온라인몰을 준비하며 전자상거래를 추가하려고 했더니 커뮤니티 서비스는 다른 업종으로 변경이나 추가가 불가하다는 것이었다. 그 후 환경을 해치지 않는 방법이 고민되어 온라인몰은 아직 진행하지 않았다.

5. 프로그램을 기획한다.

계절에 어울리는 프로그램 주제를 정하고, 그 프로그램을 진행해줄 사람을 찾는다. 혼자 진행하는 것보다 다채로운 아이템을 시도할 수 있어서 더 재밌다. 때론 좋은 사람을 먼저 찾고 원래 해오던 프로그램을 더 흥미롭게 발전시키기도 한다. 한 자세에서 오래 머물며 이완하는 인요가는 더운 여름에 어울린다. 아침에는 힘을 많이 필요로 하는 빈야사요가나 아쉬탕가 요가를 진행하고, 피크닉하기 좋은 봄, 가을에는 포틀럭 파티를 함께 진행하기도 했다.

6. 홍보하고 모객한다.

사람들을 모아야 한다. 몇 년 전만 해도 생소한 문화였다 보니 어떤 것을 할 건지 상세한 안내가 필요했다. 친구와 함께 공원으로 나가 요가하는 영상을 찍었다. 그리고 영상과 함께 올릴 안내문을 썼고, 신청서 양식을 만들어 소셜미디어에 알렸다. 구글 설문지 링크를 인스타그램에 올린 것뿐 아니라 꾸준히 해오던 블로그도 상세한 스토리를 써두기 좋아 홍보에 톡톡히 도움이 되었다.

나투라프로젝트 1년 차에 생긴 일

야외에서 요가를 하는 시간은 무엇을 상상했건 그 이상이었다. 사람들은 동심으로 돌아간 듯 행복해하며 "지금 아니면 언제 이렇게 하늘 보며 잔디밭에 누워 보겠어요. 행복 참 별거 없는데, 혼자는 어려우니까…"라고 수시로 말해줬고 그런 사람들을 바라보는 나도 수시로 행복했다.

그다음 눈에 들어온 건 수업을 이끌어가는 선생님들이었다. 아마 나투라프로젝트에서 유독 요가클래스가 활성화되는 이유는 수업하는 선생님들도 함께 즐기는 중이기 때문일 것이다. 나 또한 현직 강사이기에, 직접 겪어본 어려운 부분을 극복하고 최대한 좋은 대우를 해드리고자 한다. (드릴 게 없으면 마음이라도 악착같이 전한다.) 페이, 환경, 분위기, 사람들의 반응 등 내가 다른 곳에서 진행할 때의 마음을 기억하고 먼저 나서서 준비한다. 우리가 일하는 환경이 좋아져야 질 높은 프로그램도 가능하고 선순환이 일어날 거라고 믿는다.

내가 참여자도 되어보고, 수업하는 프로젝터도 되어보고, 기획하는 디렉터도 되어보고, 현장에서 모든 자잘한 업무를 도맡는 스태프도 되어본다. 그중 좋았던 것만 시간 안에 담으려 노력하면 함께하는 사람들은 그 마음을 알아봐 주고 만족하며 나투라프로젝트에 기꺼이 시간을 내어준다. 감사하게도.

첫해라 가볍게 해볼까 싶었던 마음과 달리 야외요가, 야외명상, 루프톱요가, 기부 프로젝트, 비건 포틀럭 파티, 플리마켓까지 단숨에 진행되었다. 신난 만큼 여러 계획을 펼치다 보니 어느새 가볍게 조언하는 사람부터 열성적으로 도와주는 사람까지 함께하고 있었다. 특히 나투라마켓은 지인끼리 소소한 플리마켓을 진행하려다 비건, 친환경 브랜드까지 스무 개 이상의 업체와 개인 셀러를 모은 꽤 큰 마켓이 되고 말았다. 그리고 그때 깨달았다. 내가 벌이고 있는 일이 요가를 넘어 최대 관심사인 환경 문제를 계속 다루고 있다는 것을.

야외 요가클래스를 진행할 때 필요한 것

1. **무선 블루투스 마이크** 야외에서는 소리가 퍼지기 마련이다. 아무리 목소리가 크다고 해도 10명이 넘어가면 말을 전달하는 데 한계가 있다. 나는 유니존의 UZ-8080 모델을 사용하는데 4년째 고장 없이 잘 쓰고 있다.
2. **방수용 타프** 정기적으로 구청 앞 잔디밭에서 아침에 야외요가를 진행한다. 그 시간에는 잔디에 이슬이 잔뜩 맺혀 있다. 신발을 벗어두면 신발이 다 젖을 정도다. 또 숲에서는 흙바닥이 생각보다 요가하기에 먼지가 많이 날린다. 나는 가로세로 3m 크기의 대형 타프를 4개 정도 구비해두고 있다. 가장 아래에 깔고 매트를 깔면 불편함 없이 요가를 할 수 있다. (치앙마이에서는 라탄 돗자리를 깔고 그 위에 매트를 깔던데, 한국에서는 그만큼 큰 돗자리를 구할 수 없었다. 사실상 관리도 어려울 것이다.)
3. **여분의 요가매트** 개인 매트를 지참을 원칙으로 하지만, 종종 매트를 잊고 오거나 대여를 문의하는 분이 있어서 요가매트 한두 개는 더 챙긴다.

사람들은 소통을 원한다

처음에는 수업이 끝나면 바로 헤어졌다. 더 시간을 끌면 사람들이 부담스러워할 것이라는 예상 때문이었는데 이건 틀렸다. 사람들은 소통을 원했다. 오히려 내게 이야기를 더 나누자고 의견을 내는 분들이 많았다. 이후에는 마음 놓고 소소한 간식과 함께 밍글링 시간을 가졌다. 공통 관심사를 통해 만나는 사람들의 케미는 남다르다. 질 높은 정보 공유와 공감이 일어난다.
나투라프로젝트와 멧앤멜이라는 브랜드가 함께하는 서울야행 프로그램은 저녁 루프톱요가 후에 공식적으로 밍글링 시간을 1시간 정도 고지하는데 세 시간 안에 마감될 정도로 가장 인기 있는 프로젝트다. 해가 바뀌고도 늘 조기 마감되고 재참여율이 높은 것을 보면, 사람들은 확실히 타인과의 연결을 원한다.
다양한 사람들과 매번 새로운 프로젝트를 기획한다는 것 나는 매일 기획하고 준비하는 일이라 익숙해졌지만 초대를 받고 함께 판을 만드는 프로젝터들은 이 경험이 소중하고 설렐 수도 있고 혹은 부담일 수도 있다. 내가 한번도 생각해보지 않은 의견을 주면 되도록 받아들이는 편이다. 사람들의 반응은 신청 현황으로 대번에 나타나는데 가끔은 예상을 뒤엎는 경우도 있고 상상 이상의 감동이 있을 때도 있다.
나투라프로젝트를 시작하고 나서 친한 선생님 A에게 요가수업을 부탁했다. 그러자 A는 내게 참여자들에게 꽃을 선물해줘도 되냐고 물었다. 그때는 나도 처음이라 너무 생뚱맞거나 과하지는 않을까, 꽃향기를 맡으며 명상을 하려고 하시나? 별 생각이 다 들었다. 하지만 A를 믿었기에 하고 싶은 대로 하고 필요한 때에 도움을 요청해 달라고 했다.

A는 수업 당일 아침 일찍 꽃시장에 가서 꽃을 사고 하나씩 포장해서 푸른 잔디밭에 나타났다. 그리고 참가자가 한 명 한 명 올 때마다 꽃을 건넸다. 예상 못 한 상황에서 꽃 선물을 받은 사람들은 모두 수줍은 미소를 띠다가 이내 환히 웃었다. 나는 그 행복한 표정을 영상으로 담았다. 지금도 내가 가장 좋아하는 나투라프로젝트의 현장 영상이다.

그 후로 프로젝터가 어떤 의견을 내도 전적으로 믿고 지지한다. 물론 내가 현장에서 경험한 상황에 대해 조언과 조율은 하지만, 프로그램 자체는 가장 좋아하는 것을 나누고자 하는 그 마음과 열정을 믿는 편이다. 3년 전 꽃을 나눠주던 A 선생님은 지금 플로리스트가 되어 플라워 스튜디오를 운영하고, 요가를 나누며 지낸다.

나투라프로젝트 2년 차에 생긴 일

슬로건을 바꿨다. "save earth & mindful life"라는 문구에 자연 안에서 진행되는 요가가 환경을 지키는 움직임으로 확장되었으면 하는 의지를 담았다. 시작할 때 친구가 말한 '미트라는 요가 말고도 하고 싶은 게 많잖아!'가 이뤄지는 것 같았다.

이때부터는 나투라프로젝트라는 브랜드가 나를 이끌어가는 느낌이 들었다. 협업 제안이 많이 들어왔고, 브랜드 이름이 어디를 가나 내게 따라붙기 시작했다. 미디어에 활발하게 소개되기 시작한 것도 이 무렵이었다. 외부 강의, 책 출판을 비롯한 다양한 행사가 나투라프로젝트를 통해 들어왔다. 고독한 프리랜서가 외부와 연결되는 유일한 통로였다. 통로를 탄탄히 하기 위해 공식 웹사이트(www.naturaproject.kr)를 만들었고, 로고도 슬로건에 어울리는 '지구 안에 합장'으로 변경했다. 많은 일을 빠르게 처리할 만큼 훨씬 능숙해지고, 나름의 노하우도 생겼다.

모집공고를 올리는 노하우

1. 새로운 달이 시작되기 최소 1주일 전, 다음 한 달간 어떤 프로젝트가 어디에서 진행되는지 개괄적인 안내를 한다. 그래야 사람들이 관심 있는 프로젝트를 체크하고 일정을 조절한다.
2. 매주 프로젝트가 진행되므로 프로젝트 시작 1주 전에 확정 공지를 하고, 프로젝트 이틀 전에 막바지 공고를 한 번 더 한다. 대개 신청은 공지 올린 직후와 프로젝트 하루 전날 많이 몰린다.
3. 가급적 날씨가 좋은 날, 점심시간 혹은 퇴근 시간대에 공지를 올린다. 날씨 좋은 날엔 자연스레 야외활동이 하고 싶은 마음이 드니까. 그리고

사람들이 스마트폰을 확인하는 시간대에 올려 노출 수를 높인다.
4. 준비물이나 음식을 인원수에 맞춰 제공하는 프로젝트는 마감 기한을 꼭 공지한다.
5. 프로젝트 전날, 노쇼 방지를 위해 리마인드 차원에서 정확한 장소와 공지사항을 담은 안내 메시지를 발송한다.

오프라인 현장 케어 체크리스트

1. 진행 예정인 장소는 사전에 몇 차례에 걸쳐 답사한다.
2. 다른 행사와 겹치지 않는지 확인한다.
3. 대중교통과 공영주차장 위치를 확인하고 공지한다.
4. 화장실은 가까울수록 좋다. (옷을 갈아입는 경우가 많다.)
5. 정확한 장소 고지를 위해 지도에 표시하고 참여자에게 공유한다.
6. 프로젝트 당일에는 최소 1시간 전에 여유 있게 도착한다. 유료 대관이 아니므로 시민들이 자유롭게 이용하는 공원 특성상 원하는 장소를 다른 사람들이 쓰고 있으면 포기하는 수밖에 없다. 일찍 가서 자리를 확보해두곤 한다.
7. 아침부터 낮까지는 나무 그늘 아래, 저녁에는 석양이 잘 보이는 곳을 선호한다.

협업 제안 주고받기

요가와 친환경을 주제로 활동하다 보니 친환경 브랜드나 아웃도어 브랜드에서 협찬 제안이 들어오곤 한다. 단순 협찬은 거절하는 편이고, 나투라프로젝트의 취지와 잘 맞는 브랜드에는 되도록 협찬보다 협업이 좋다는 뜻을 밝힌다.

예를 들면 한 천연비누 브랜드에서 클렌징비누 50개 협찬 제안이 들어온 적이 있다. 검색해보니 성분은 물론이고 불필요한 포장재를 줄이고, 반려견 샴푸바 판매금은 유기견보호소에 기부하는 착한 브랜드였다. (아쉽게도 이 업체는 2020년에 생산을 중단했다.) 뜻을 모아 좋은 일을 해보자는 생각이 들어 '모두의 공존'이라는 행사를 기획했다. 나는 요가 클래스를, 브랜드는 천연비누를 참가자에게 제공하고 수업료 대신 기부금을 받는 것이었다. 모두의 공존은 2019년에 세 차례 진행했고 모인 기부금을 유기견보호소에 보낼 수 있었다.

특별한 파트너, 천연 화장품 브랜드 톤28은 내가 오랫동안 사용해온 제품이다. 유리나 플라스틱 용기 없이 종이 스파우트에 담긴 것도, 유기농 원료로 비건 인증받은 성분도 좋아서 꾸준히 쓰던 어느 날 팝업 스토어에 갔다가 대표님이 계시기에 어디서 솟아난 용기인지 알 수 없지만 대뜸 인사를 드렸다. 그런데 놀라운 건 대표님이 나투라프로젝트 활동을 알고 계신 거였다. 그즈음 다녀온 인왕산 클린산행 프로그램을 보았다며 다음에는 같이 뭔가 하고 싶다고 말씀해준 것이 인연의 시작이었다. 지금까지 가치소비와 친환경 실천을 알리는 프로그램을 함께하고 있다.

나투라프로젝트의 인기 프로그램 '서울야행'은 서울 전경이 내려다보이는 이태원 루프톱이라는 장소도 그 인기에 한몫한다. 야경을 바라보며 요가를 하는 아름다운 콜라보는 지인 덕분에 이뤄졌다. '발리, 서핑, 요가'를 키워드로 전개하는 브랜드가 있다고 해서 당장 소개를 받았는데 자연을 모티브로 한 패턴을 천연 염색해 만든 사롱과 요가는 얼마나 잘 어울리는지 늘 행복한 시간을 선사하는 프로젝트다.

특정 주제의 수업 진행을 위해 프로젝터(선생님)를 모실 때는 소셜미디어를 통해 그 주제와 어울리는 활동을 하는 분을 찾는다. 반대로 함께하고 싶은 사람을 찾고 그와 맞는 프로젝트를 기획하기도 한다. 인스타그램에서 인요가를 수업하는 선생님이 핸드팬이라는 스위스의 금속 타악기를 연주하는 것을 보고 미팅을 청한 적이 있다. 요가 수업에 핸드팬을 녹여보자고 설득했고 푸른 나무 그늘 아래에서 몸을 이완하는 인요가, 선생님 특유의 편안한 저음 목소리, 핸드팬의 사운드 힐링이라는 완벽한 조합이 탄생할 수 있었다. 프로젝트를 기획할 때는 참가자 입장에 감정 이입해 내가 원하는 내용인지, 나라면 이 금액을 주고 참여할지, 나중에 또 참여하고 싶을지 꼭 고민해보는데 거기에 하나 더 '내가 프로젝터라면 또 함께 일하고 싶은 파트너일까'도 놓쳐서는 안 된다.

나투라프로젝트 3년 차에 생긴 일

코로나19가 삶을 바꿔놓았다. 야외 프로그램이라 상대적으로 덜 위험했지만 오가는 길도 고려해야 하므로 사회적 거리두기가 몇 단계냐에 따라 축소 진행하기도, 전면 취소하기도 했다. 1단계일 때는 야외더라도 마스크를 착용한 채 간격을 넓게 유지하며 요가수업을 했다. 탁 트인 곳에서 호흡하며 동작을 이어가는 쾌감이 가장 핵심적인 부분인데 아쉽기 그지없었다. 설상가상 긴 장마가 계속돼 대면 프로젝트는 이래저래 위기였다. 많은 요청을 받고 오프라인 공간 마련도 계획하던 시점이었지만 잠시 접어두고 온라인으로 확장을 시도했다.

ZOOM을 이용해 온라인 요가수업을 진행하고, 각자 자신의 동네 쓰레기를 줍는 비대면 플로깅 이벤트, 각자의 무해한 라이프스타일을 소개하는 대화 프로그램 등 다양한 접근을 해봤다. 특히 요가수업을 정기적으로 나누며 호스트인 나도, 참여해 요가하는 사람들도 비대면 수업에 적응해가는 것을 느꼈다. 하지만 이것을 나투라프로젝트 내에서 정규 프로그램으로 끌고 갈지는 고민이 많았다. 클래스를 제공하는 플랫폼이 이미 너무 많고, 나는 단순히 클래스(서비스)를 주고받는 일을 하려는 게 아니기 때문이었다. 또한 '나투라프로젝트 = 요가'가 되기를 바라지 않았다. 이곳에서는 자연과 가까워지는 활동을 하고 환경

이슈를 해결하고자 동참하는 움직임이 일어나기를 바랐다. 그래서 파트너 커뮤니티 '요가 포 굿 라이프'를 만들어보기로 했다.

장마가 지나고 코로나도 잠깐 잠잠해졌던 가을에는 숲속 요가를 몇 차례 진행할 수 있었다. 예전처럼 모여 앉아 음식을 나눠 먹고 도란도란 수다를 떨 수는 없었지만, 유난히 반갑고 애틋한 시간이었다.

날씨가 추워지면 야외 프로그램은 더 이상 진행이 힘들어서 겨울엔 나투라프로젝트를 중단했었지만 올해는 그러고 싶지 않았다. 기후 위기와 전염병으로 인해 망가져 가는 일상 앞에서 지구에 무해한 삶을 살자는 메시지를 적극적으로 전하고 싶었다. 그래서 날이 추워도 할 수 있는 러닝, 산행, 채식, 자급자족을 주제로 함께할 사람들을 접촉하고 많은 이야기를 나눴다. 대부분 코로나가 다시 심해지며 취소되고 말았지만 비대면으로 나눌 수 있는 프로그램을 더 기획할 예정이다.

♀ 나의 두 번째 커뮤니티,
요가 포 굿 라이프(Yoga for Good Life)

나투라프로젝트 외에도 진행하던 모든 수업이 중단되며 나 또한 소통의 부재와 직업적 불안정함으로 우울감에 시달렸다. 코로나 초기에도 온라인 수업을 고민하다가 '곧 나아지겠지' 싶어

접었었지만 모두의 답답함이 절정이던 사회적 거리두기 2.5단계 때 결심할 수밖에 없었다. 시행착오를 겪게 될 것이므로 리스크를 최소화하고자 시작은 혼자였다. 다행히 나투라프로젝트로 프로그램을 기획하고 사람들을 모집하는 일을 해왔기에 어떤 순서로 진행해야 할지 잘 알고 있었다. 혼자 운영하는 것이라 시장에 형성된 가격보다 조금 낮게 책정할 수 있었고 그 덕분인지 많은 사람이 호응하고 참여했다. 디렉터와 강사 역할을 다 소화하는 게 버거웠지만 그 힘듦이 무색하게 시간이 갈수록 신청자는 늘었다. 세 달간 진행하며 이 커뮤니티에 확신이 섰고, 나투라프로젝트와 분리해 요가만을 위한 커뮤니티를 만들기로 결정했다. 이름은 Yoga for Good Life. 좋은 삶을 위한 요가. 이 이름은 내가 지향하는 삶을 살아간 헬렌 니어링, 스콧 니어링 부부의 『조화로운 삶(Living the Good Life)』에서 영감을 얻었다. 좋은 삶에 대한 기준은 저마다 다르겠지만 삶을 이루는 여러 요소가 조화를 이룰 때 행복한 것은 공통점일 것이다. 그리고 나는 그 좋은 삶에 요가가 더해질 때 보다 풍요롭고 즐겁다는 것을 확신한다.

온라인 클래스를 열면서 사람들과 더 많이 소통하고자 부단히 애쓰고 있다. 수업 시간에 피드백을 주고받고, 수업 전후에는 메신저와 이메일, 소셜미디어에서 대화를 나눈다. 몸과 마음의 컨디션이 어떤지, 요즘 관심사는 무엇인지 계속 궁금해하자 커뮤니티 멤버들도 마음을 여는 것이 느껴졌다. 놀랍게도 요가는 물론 취미, 식습관, 마음 돌봄 방법까지 건강한 삶을 이루는 요소에 대해 다양하게 소통을 요청받았다. 환경 문제를 물어온 분도 있어 기뻤다.

월 2회 주제별 소통 프로그램을 개설하고, 명상 특강 같은 맴버 요청 클래스도 마련했다. 적게는 10명, 많게는 50명의 사람들이 모여 각자의 이야기를 공유했는데 영감을 주고받으며 삶을 사랑하는 방법의 범위를 넓혀가는 것이 보인다. 이때 내가 하는 일은 뭔가 가르쳐주는 멘토 역할이 아니다. 그저 그런 장을 마련하고, 바쁜 일상 탓에 사유하는 시간조차 사치인 사람들이 숨 한 번 고르고 좋은 삶에 대해 생각할 수 있게 물음표를 던져주는 것뿐이다.

온라인 요가 커뮤니티를 본격적으로 기획하게 된 또 하나의 이유는 나와 같은 프리랜스 요가강사들이 늘 마음에 걸리기 때문이었다. 나는 그간 했던 일 덕분에 온라인으로 전환하는 일이 비교적 수월했지만 많은 분이 일터를 잃거나 새 직장을 찾느라 하루하루 걱정 속에 살고 있었다. 함께할 수 있다면 그 걱정을 조금 덜 수 있고, 요가 업계가 성장해야 우리는 더 나은 요가 수업을 나눌 수 있을 것이다. 요가 특성상 비대면 채널로의 이동이 어려울 거라 생각했는데 예상보다 수월했기에 좋은 선생님을 모시고 다양한 시간대에 여러 클래스를 개설하기로 했다. 어딘가에 소속되지 않은 채 성장하고 소통할 기회가 적은 지도자들과도 연대해 양질의 정보와 스터디를 함께하는 건강한 커뮤니티를 만들고 싶다.

온라인 요가수업의 장단점

- **장점**

  안전하다. 강사도 수강생도 이동 시간을 절약한다. 편안한 공간에서 남들을 신경 쓰지 않고 할 수 있다.(그래서 마스크도 벗고 운동할 수 있다.) 임대료가 들지 않아 수강료를 비교적 저렴하게 책정할 수 있다. 어떤 선생님의 수업을 듣고 싶을 때 사는 지역으로 인한 제약이 없다. 가장 뿌듯했던 순간은 해외에 체류 중인 분이 참여하며 오랜만에 한국 사람들과 소통할 수 있어 답답함이 풀어졌다고 이야기했을 때였다. 사는 지역에 마땅한 요가원이 없어 코로나 이전에도 요가 배우기가 어려웠는데 이렇게 온라인 클래스가 열려 코로나에 고마운 게 다 있다는 분도 있었다. 요가원에 여자가 대부분이라 용기가 나지 않았다는 남자도 함께 요가를 한다.

- **단점**

  소통의 한계가 있다. 대면 수업처럼 자세를 관찰하고 교정해주는 부분이 아무래도 아쉽다. 수강생 입장에서는 아무래도 참여 의지를 다지기 어렵고 집중력이 쉽게 떨어질 수 있다.

참여 의지는 사람마다 다르기는 하다. 혼자 있는 공간에서 하니 다른 사람과 비교를 하지 않을 수 있어서 오히려 온전히 집중했다는 피드백도 있었다. 자세 교정이 단점으로 작용하는 수강생들에게는 수업 직후 질의응답을 갖는 것으로 보완할 수 있었다. 어렵거나 헷갈리는 동작을 같이 해보고 즉석에서 피드백을 주는 것이다. 많은 사람이 궁금해하는 것은 튜토리얼 영상을 만들어 공유하기도 했다.

집중력을 높이기 위해 이름을 부르며 구체적인 피드백을 하려 노력했고, 장기 결석 멤버에게는 따로 안부를 물었다. 현재 온라인 요가 출석률은 70% 이상이며, 재등록률 또한 70%가 넘는다.

커뮤니티 기획자의 꿈

나투라프로젝트에 일회성이 아니라 꾸준히 참여하는 사람들이 늘고 있다. 비슷한 관심사와 라이프스타일을 지닌 사람들이 모이는 일이라 함께하는 자리의 에너지나 서로를 대하는 태도는 무척 긍정적이고 호의적이다. 프로그램을 기획할 때도 참여해준 분들과의 대화에서 많은 아이디어를 얻는다. 진행을 돕고자 하는 사람, 공간 제공을 제안하는 사람, 연결을 시도하는 사람 덕분에 활동 범위를 확장할 수 있었다. "나투라가 벌이는 일이라면 무조건 믿고 참여한다"는 이야기를 들었을 때가 커뮤니티 기획자로서 가장 행복했다.

이제 나투라프로젝트는 환경 문제에 더욱 예민하게, 그러나 따뜻하게 반응하고 행동하는 소셜 커뮤니티로 성장하고자 한다. 환경을 해치지 않는 라이프스타일은 번거롭고 귀찮은 일에서 힙한 유행이 되어가고 있다. 이 시기를 무사히 지나 모두에게 멋진 문화이자 건강한 삶을 위한 필수 루틴으로 자리 잡도록 판을 이끌어가고 싶다. 인구 밀집도가 낮은 지역사회에 찾아가 지속 가능한 친환경 습관을 제안하는 프로젝트도 지금보다 적극적으로 진행할 계획이다.

요가포굿라이프는 개개인이 고립되기 쉬운 이 시대에 요가를 매개로 건강하게 연결될 수 있는 커뮤니티가 되기를 바란다. 외면에 머물던 시선을 요가를 통해 내면으로 가져갈 때 삶이 충만해지는 경험을 나누고, 선한 가치에 대해 계속 이야기한다면 나투라프로젝트가 그러했듯 요가포굿라이프도 함께하는 사람들과 함께 알아서 나아갈 것이다. 그리고 지구의 건강이 곧 나의 건강이라는 사실을 이 두 커뮤니티를 통해 많은 사람이 공감하고 지향하고 실천하게 되기를 바란다. fin.

전명희 @byulzip

건축학 전공 후 건설 경영 석사 과정을 밟았다. 도시재생 프로젝트팀에서 일하다 잠재력 있는 공간을 발굴하고 소개하는 도쿄R부동산에 매료되었다. 이후 공인중개사로 커리어를 이어오며 현재는 취향 기반 공인중개사사무소 '별집'을 운영 중이다.

취향껏 살고 싶은

사람을 위한 안내자

"이런 집 저런 집 살아보는 게 로망이라 오랜 기간 노마드 생활을 하셨대요. 캐리어 끌고 출근했다가 캐리어 끌고 다른 집으로 퇴근하면서 여러 집을 렌트로 머무른 거예요. 그러다가, 동숭동 집을 보고 '아 여기에 정착해야겠다' 생각하셨대요. 그 경험이 저에게도 정말 인상 깊어요. 단순히 집을 중개하고 끝난 게 아니라 삶을 공유한 거 같아서 너무 좋아요."

취향껏 살고 싶은 사람을 위한 안내자

"좋아하는 곳에 살고 있나요?"라는 낭만적인 질문은 "좋아하는 곳에 살려면 돈이 얼마나 있어야 하지?"라는 현실이 되어 숙제처럼 저를 따라다녔습니다. 실은 어떤 집을 좋아하고 내게 잘 맞는지 충분히 고민해보지도 못했지만, 언젠가 취향에 맞는 안온한 공간에 살리라는 마음만은 잊지 않았습니다. 그러다 「나는 내가 살고 싶은 집에서 살기로 했다」라는 공상 부동산 만화를 발견했습니다. 그리고 허구인 줄 알았던, 나를 위한 집을 찾아주는 부동산이 서울에 실존한다는 것도 알게 됐죠. "한 달을 살더라도 아프거나 힘든 날 집에 가면 모든 것이 괜찮아질 것 같은, 나를 온전하게 받아주는 집에서 살고 싶다. 그리고 그런 집을 찾는 여정을 함께하고 싶다"는 소개글과 함께 이 만화의 스토리를 쓴 공인중개사 전명희를, 좋은 삶을 담는 좋은 집을 발굴하고 선별해서 소개하는 부동산 '별집'에서 만났습니다.

🔖 **별집의 흥미로운 활동만큼이나 '공인중개사가 된 건축학도' 전명희의 사연이 호기심을 자극해요.**

건축 분야에서 일하고 싶다고 생각한 건 고등학교 1학년 겨울이었어요. 인사동길을 설계한 김진애 건축가가 뉴스에 나와서 작업 과정과 취지를 이야기하는데 그 모습이 정말 멋있었어요. 그분에 대해 더 찾아봤더니 여성 건축 포럼도 진행하고, 『여자로 태어났으면 건축을 꿈꾸자』(서울포럼, 1999) 같은 책을 쓰셨더라고요. 건축이 좋았다기보다 사람에 반해서 건축가를 꿈꾸게 됐죠. 흔한 일이지만 남매로 자라면서 성차별을 겪기도 해서 서울대 공대에서 혼자 여자였다는 게 임팩트 있게 다가왔습니다. (**건축 쪽은 지금도 남초인가요?** 아뇨, 지금은 반반이거나, 설계 쪽은 여자가 더 많은 경우도 있어요.) 남자들의 세계로 여겨진 곳에서 어쩜 저렇게 프로페셔널하게 일을 하지? 하며 그분이 집필한 책을 탐독하다 보니까 건축이 진심으로 좋아졌고요. '건축의 꿈'이라는 당시 유명했던 다음 카페 오프라인 모임에 나가서 대학생 선배들과 대화도 나누며 꿈을 키웠어요.

🔖 **'소질 없음'을 깨닫고 다른 방향을 찾았다고요? 건축과 부동산 중개 사이에 어떤 연결고리가 있는 건가요?**

건축학과에 진학해 1, 2학년 때는 꿈을 이룬 것 같고 즐거웠어요. 그런데 고학년이 되어 시간이 지날수록 감각 있는 친구들과의 차이가 느껴지는 거예요. 수업에서 제가 한 설계가 별로라는 평도 들어봤고요. 노력해서 따라가는 사람이라는 걸 인정하고 나니 설계사무소에 취업하면 더 괴로워할 나 자신이 눈에 선했습니다. 건축이라는 바운더리 안에서 좀 다른 일을 하겠다는 고민을 하다가 건설 경영 관리(Construction management) 분야로 석사 과정을 밟았어요. 현장에서는 설계자, 시공자, 건축주 등의 이해관계가 얽히거든요. 그 협업 과정을 매니징하는 것이 나와 잘 맞는 옷일 수 있겠다 싶었는데 문제는 아직 우리나라에 학문으로서 들어오긴 했어도 현장에서 활성화되지는 않은 분야였습니다. 선배들도 박사 과정으로 공부를 더 하거나 시공사에 취업하는 것을 보고 방황이 또 시작됐죠.

졸업 후 한 도시 재생 프로젝트에 스태프로 참여했고, 거기서 '재미있는 부동산'을 자처하는 도쿄R부동산을 만났어요. 간담회에서 낙후되었지만 잠재력 있는 공간을 직접 고치고 중개하는 그들의 이야기를 들으며 생각이 달라졌습니다. 건축과 출신인 그들이 건축을 통해서 하고 싶은 일을 부동산이라는 수단으로 이루고 있었어요. 그러고 보니 건축물을 유통하는 일이고, 건축 바운더리 안에 있는 일이더라고요.

Q 외부에서 영감받은 것을 꼭 실행하는 편인가 봐요. 김진애 건축가도, 도쿄R부동산도 "멋있다"에서 끝날 수도 있었을 텐데요.

맞아요. 그렇게 꽂히면 주위에서 말려도 꼭 해보는 성격이에요. 부모님 입장에서는 힘들게 대학원 공부까지 시켜놨건만 갑자기 공인중개사를 하겠다니 당황스러울 만한 일이죠. 2013년 가을에 간담회가 있었고, 그때부터 커진 마음을 안고 2014년 2월에 일본으로 찾아갔어요. 하야시 아쓰미 대표에게서 "건축을 포기하고 싶지 않아서 건축가가 되는 걸 포기했다, 궁금하다면 자격증을 따고 그 분야를 경험해봐야 한다"는 답을 듣고 돌아오자마자 공부를 시작했어요. 부모님께 말씀도 못 드린 채로요.(웃음) 2014년 말에 자격증을 따고 2015년 1월부터 바로 일을 시작했어요. 잠실 아파트 단지에 있는 부동산, 미사 강변도시에 있는 일반 부동산에서 일했는데 생각한 거랑 너무 다르고 힘든 거예요. 서로 경쟁이 심하고, 허위 매물을 올려 손님들이 헛걸음하는 경우도 많았죠. 내가 과연 이 업계에서 살아남을 수 있을까, 이런 일을 하려고 시작했나 회의가 많이 들었어요. 2년 정도 일하며 피폐해져 가다가 제가 해보고 싶은 형식의 부동산을 안 하고 그만두면 후회하겠단 생각이 들었습니다.

♀ **창업을 결심한 시점인가요?**

　　　혼자 하기는 좀 두려워서 같이 할 수 있는 사람을 찾고 싶었고요. 서울혁신센터 공간기획팀에 들어가서 반년가량 일하다 비슷한 생각을 하는 분을 만나 뜻을 모으게 됐어요. 2018년 2월부터 틀에 박히지 않은 다양한 공간을 소개해 자신의 라이프스타일에 맞는 공간을 찾도록 돕는 공인중개사사무소를 준비했죠.

♀ **'라이프스타일에 맞는 특별한 공간을 매칭해주는 일'이라는 취지에 의기투합했더라도 동업이 쉽진 않았을 거 같아요.**

　　　네, 상황의 차이도 있었고요. 역할 분담과 일정 조율에 어려움을 겪으면서 함께 시작했던 '홈쑈핑'은 정리를 하게 됐고, 지금은 저 혼자 '별집'이라는 이름의 취향 기반 부동산을 운영하고 있습니다.

♀ **별집은 일반 공인중개사사무소와 어떻게 다른가요?**

　　　한 공간만이 가진 고유의 구조와 스토리가 있는 매물을 확보해서 중개합니다. 주로 건축가가 설계한 집과 업무·상업 공간이고, 여러 지역에서 발굴하기 위해 동네 기반이 아니라 웹사이트 기반으로 운영합니다. 사람들이 다양한 공간을 경험하고 공간 감수성을 키웠으면 좋겠다는 바람을 가지고 있고, 건축가가 지은 공간은 조금 더 다양성이 보장된 경우가 많아 큰 비중을 차지하고 있어요. 그렇지 않더라도 인테리어가 특이하거나 오래된 건물을 새롭게 고치는 등 특별한 매력이 있으면 다루고 있습니다. 지금은 '예쁜 새 집'을 취급한다고 생각하실 수 있는데 앞으로 더 재밌는 이야기가 담긴 공간을 늘려가고 싶어요.

Q 아파트 단지 앞에 부동산을 차려놔서 사람들이 물건 내놓으러 오는 것도 아니고, 공동 중개 시스템에서 공유하는 것도 아니면 매물을 어떻게 구하나요?

품을 들여서 구해요. 이제는 먼저 제안해 주는 분도 있지만 대개 건축가와 건축주에게 콜드메일을 보내거나 찾아가는 등 손품, 발품을 많이 팔았어요. 건축가가 어떤 프로젝트를 진행 중인지 중간중간 체크도 하고요. 당장은 건축가에게 도움이 되지 않더라도 별집에는 집을 짓고 싶은 사람도 오기 때문에 나중에라도 연결이 가능하고, 실제로 세 번 연결해드린 케이스가 있어요. 또, 직접적인 업무 범위는 아니더라도 함께한 건물이 임대까지 잘 되면 더 좋으니까 의사 결정자인 건축주에게 말씀 한 번 건네주시는 거죠.

임대 주택을 한 채 지으면 최소 4호까지는 있습니다. 그러니까 건물

하나를 구하면 매물이 4건 이상 나와요. 하나하나 품 들이는 게 힘들지만 포트폴리오가 남는 일이고, 이 서비스에 만족하면 2년이 흐른 뒤에 또 맡겨주실 거예요. 누적되어야만 따라오는 것들이 있어서 안정적으로 돌아갈 때까지 2, 3년은 쌓는 중이라고 생각해요.

♀ 매물 확보, 중개 상담과 답사와 계약, 콘텐츠 제작까지 하루가 정신없이 흘러가겠어요.

그렇죠. 매물 하나를 확보하면 건물에 대한 상세한 정보를 파악하고, 되도록 날씨 좋은 날 직접 왜곡되지 않은 사진을 찍어요. 공간 소개글을 쓰고 웹사이트에 업로드하고, 틈틈이 임차 희망하는 손님을 만나 상담하고 집 보여드리고요. 매물 위치가 다양하다 보니 이동시간도 꽤 걸리지요. 계약은 대부분 현장에서 하고, 사이사이 카페에서 메일 상담에 답변도 합니다. 거기에 안정적인 수입을 위해 한 회사의 부동산 매입 관련 일도 돕고 있어서 일주일이 정말 빠르게 지나가요. 물론 '이걸 왜 하고 있지'가 아니라 집 소개 자료를 만드는 등 과정마다 즐거움이 있기에 할 수 있는 일이에요.

♀ 중개 플랫폼이 활성화되어 있는데 별도의 웹사이트로 운영하는 이유가 있나요?

지금처럼 꾸준히 자료를 쌓아서 결국 커뮤니티가 형성되기를 바라요. 단순히 부동산 매물 연결해주는 곳이 아니라 좋은 집을 구하는 사람도, 내놓는 사람도, 짓고 싶은 사람도 필요한 정보를 얻었으면 합니다. 임대인, 임차인, 건축가, 인테리어 디자이너처럼 집을 둘러싼 사람들이 서로 연결되기를 바라고요.

웹사이트를 구축하는 데 어려움은 없었나요?

웹사이트는 홈쇼핑에 이어 별집이 두 번째 만드는 것인데 초심자라 아임웹 쓰고 있고요, 아직 부족하죠. 공간 사진 찍고 글 쓰는 것도 직접 합니다. 이전에는 디자인을 예쁘게 구현하려다 보니 콘텐츠 추가하는 등 관리가 힘들었어요. 그래서 이번에 만들면서는 디자인은 심플하게 두고, 무엇보다 관리가 쉽게 만들었어요. 운영은 한결 수월한데 여전히 개선할 게 많네요. 모바일 버전 가독성 정리가 제일 마음에 걸리지만 손대지 못하고 있는 일이에요.

혼자 일하다 보면 뭘 해야 하는지 머리로 알아도 실행할 시간이 턱없이 부족하죠.

맞아요. 오늘 할 일을 10개 중 8개 하면 내일은 내일의 10개에 2개가 더해지고, 다음 날은 더 쌓여 있어요. 제 로망은

정해진 시간에만 일하고 부동산이지만 주5일 근무하는 거였는데 아직은 요원합니다. 사무실에 매일 나오진 않고 그날그날 스케줄에 따라 집을 보여줘야 하는 곳이 차를 가지고 이동하는 곳이면 집에서 일하다가 바로 현장에 가기도 하고요, 아니면 사무실에 나와서 일하다가 갑자기 집 보여드릴 일이 생기면 지하철로 이동합니다. 가급적이면 하루 전에 현장 방문 등 스케줄을 잡아놓으려고 짜놓는 편이고요. 9시에 출근하는데, 끝나는 시간은 정해져 있지 않아요. 최근에는 거의 주말도 없고 못 쉬었어요. 체력에 따라 달라지지만 밤에 보통 밤 9시에서 12시 사이에 퇴근하고 있어요.

♥   **아까 나온 이야기 중 사람들이 다양한 공간을 경험하고 나면 어떤 점이 달라지기를 기대하나요?**

재테크로서 부동산에 관심이 많은 것처럼 '좋은 공간'에 대한 관심이 높아지고, 다채로운 주거 공간과 사무 공간에 대한 수요가 늘었으면 해요. 그래서 집장수들이 다 똑같이 지은 집이 아니라 문화와 취향이 반영된 건물에서 보낼 기회가 많아지면 그게 도시를 바꾸고 삶의 형태를 바꿀 거예요.

♥   **지금은 주로 어떤 사람들이 별집을 찾나요? 일반**

부동산에서 만나던 손님과 다른가요?

네, 그건 확실히요. 아파트 단지나 신도시에 있는 부동산에서 일할 때 만나는 건 거의 투자 목적으로 찾아오는 사람들이었어요. '저 이런 집에 살고 싶은데요…' 하는 사람은 한 번도 못 봤어요. 그러니까 회의감이 클 수밖에요. 다른 사람 투자 도와주려고 시작한 일이 아니었는데.
지금 찾아오는 분들은 연령으로 따지면 20대 후반~ 30대 초반 직장인이 제일 많아요. 아무래도 매물로 확보한 독특하게 지은 건물 중에 평수가 작은 원룸이 많아서 그런 것도 있을 테고요. 개발자, 에디터, 디자이너, 푸드 스타일리스트, 건축사무소 스태프 등 계약한 분들의 직업은 다양하고, 인스타그램을 팔로우하고 있는 분들을 보면 확실히 디자이너나 에디터, 작가, 음악인처럼 뭔가 예술이나 콘텐츠 관련업에 종사하는 사람들이 자주 눈에 띄어요.

상담할 때 정말 예산과 평수가 아니라 '어떤 집에 살고 싶은지'에 대해 이야기를 나누는지 궁금해요.

대화해보면 실거주 목적이 많을 뿐 아니라 쓰는 언어도 달라요. "부동산 값 상승 관련 뉴스 지겹고 지쳤다. 우리가 진짜 살고 싶은 곳을 찾고 싶다! 왠지 여기 오면 찾아줄 거 같았다" 하시는 거죠. 임대를 비롯해 지금 소유한 부동산 처분하고 주변 사람들과 정답게 사는 집 짓고 싶어하는 분들이 상담 요청하기도 하고요. 신기하게 기사를 보고 찾아오는 분이 많아서 그런지 제가 하는 일에 대해서 관심 갖는 분도 많았어요. 건축주 분들도 보통은 집에 관한 설명을 하실 텐데, 건축을 좋아해서 건축가에게 의뢰한 경우가 많다 보니 얘기가 통한다고 생각해서서 몇 시간씩 집에 대해 대화하는 경우도 있었습니다.

♀ **저도 봉천동 '화운원' 건축주 인터뷰 너무 재밌게 읽었어요. 공인중개사가 건축주를 인터뷰한 건 처음 봐서 신기하기도 했고요. '같은 설계도가 층층이 쌓이지 않고 베란다 확보를 위해 고층으로 갈수록 공간이 뒤로 후퇴하도록 지었다, 당장 세대수 늘리는 데는 불리했지만 쾌적한 주거 환경 조성이 장기적으로 더 나은 판단이었다'는 말씀이 오래 기억에 남아요.**

아, 지금도 인터뷰 약속한 건축주분 계신데 손이 없어서 못 하고 있어요. 다른 분들도 그 인터뷰를 많이 읽고 오시더라고요.

♀ **별집 웹사이트에 재밌는 콘텐츠와 예쁜 집이 가득해서 황홀했어요. 감각적인 집을 많이 소개하는데, 그게 시세보다 비싸거나 하진 않나요?**

주변 시세와 비교하면 약간 더 비싸요. 월세로 치면 5만 원, 10만 원 정도. 더 좋은 자재를 쓰고, 시공하는 데도 돈을 더 많이 쓴 것이라서요. 아무리 잘 지어도 너무 높게 받으면 안 나가기 때문에 '내가 이 집에 살려면 요 정도는 낼 수 있지' 하는 선을 잘 맞춰야 해요.

단독으로 취급하는 매물인가요?

전속으로 맡고 싶은 마음은 굴뚝같지만, 시작한 지 얼마 안 돼서 바로바로 매칭을 빠르게 하긴 어렵기 때문에 저한테도 주시고 다른 데도 내놓으시라고 해요. 1년 정도 흐른 시점부터는 저에게만 주는 곳도 몇 군데 생겼어요. 건축주가 저랑 몇 군데 거래해보고, 끝까지 신경 써주는구나 하며 저에게만 맡긴 곳들이 생긴 거예요. 되게 기분 좋더라고요.

살고 싶던 집에 살고 계신가요?

서울, 경기도까지 곳곳을 돌아다니기 때문에 동선이 중요한데 당시 제가 중개하는 집 중에는 서울 중심부에 위치한 게 없었어요. 그래서 건축가가 설계한 집이 아니라면 구조가 특이했으면 좋겠다, 동네가 지닌 분위기가 정다웠으면 좋겠다는 바람으로 후암동과 청파동 부근을 알아봤습니다. 그리고 후암동의 한 집을 구해 살고 있고요. 지금은 집 자체보다 경리단길, 해방촌,

남대문 시장 걸어갈 수 있는 이 동네가 너무 좋아요.

❓ 별집의 매물 가운데 유독 기억에 남는 집이 있다면요?

최근에 독립문역 근처에 있는 아파트 매매를 받았어요. 1971년에 준공된 대성맨션이에요. 갔더니 핑크색 엘리베이터에, 구름다리로 두 동이 연결되어 있고, 옥상에는 모두 쓸 수 있는 빨래 건조대가 있어요. 오래된 홍콩 아파트 느낌도 나고요. 원래 저도 도쿄R부동산이 하고 있는 것처럼 오래된 공간에 새로운 쓰임을 주는 일에 관심이 많았거든요. 지금은 새로 지어진 공간을 많이 다루다 보니 그것과는 거리가 멀어서, 이렇게 역사가 있는 공간을 받은 게 기억에 계속 남았어요.

그리고 또 하나 대학로 근처 동숭동에 좋은사랑채라는 건물이 있어요. 낙산과 면해 있어서 창으로 보는 뷰가 다 초록색이고, 동네가 아주 조용해요. 답사를 하자마자 '이런 데 살고 싶다'는 말이 절로 나왔죠. 이 건물의 한 호를 계약한 분도 특이한 경우였는데요, 보통은 스케줄이 정해져 있어서 당일 연락 받으면 보여드리지 못하는 경우가 많지만 그날은 일정이 맞아서 갑자기 보여드리게 됐어요. 집을 보고 같이 지하철역으로 걸어가는데 '왜 이런 일을 하는지' 물어보시더라고요. 그리고 계약하는 날 만나자마자 건축 관련된 책을 선물해 주시는 거예요? 알고 보니 건축도시공간연구소 센터장이셨어요. 이런 집 저런 집 살아보는 게 로망이라 오랜 기간 노마드 생활을 하셨대요. 협소주택에도 살아보고, 한옥에서도 살아보고, 복층에서도 살아보고… 캐리어 끌고 출근했다가 캐리어 끌고 다른 집으로 퇴근하면서 여러 집을 렌트로 머무른 거예요. 그러다가, 동숭동 집을 보고 '아 여기에 정착해야겠다' 생각하셨대요. 그 경험이 저에게도 정말 인상 깊어요. 계약 끝나고 같이 저녁 먹으면서 두 시간 수다 떨다가 헤어졌어요.

그러고 보면 가끔 안부인사 보내주는 분도 계시고, 생일이라고 생일선물 보내준 분도 계세요. 단순히 집을 중개하고 끝난 게 아니라 삶을 공유한 거 같아서 너무 좋아요. 집으로 초대한 분도 있고요. 저도 계약 맺어준 사람들이 어떤 취향으로 집을 꾸미고 살아갈지 궁금하거든요. 그래서 다녀온 적도 있어요.

사업적으로 고민이 있을 때는 누구랑 소통하나요?

분야는 다르지만 저보다 경험이 많은 지인들이요. 그런데 정확히 이 비즈니스를 이해하는 사람으로부터 코칭을 받아야 하는 부분이 있는데 그렇게 해줄 사람이 없어서 고민되기도 해요. 최근에 기사를 통해 한 브랜드 마케터분과 연이 닿은 일도 있습니다. 별집의 브랜딩에 있어 지금 시점에 어떤 일을 하면 좋을지 상담을 받았어요. 언론에 노출되는 등 이슈가 있을 때마다 웹사이트 방문자 수와 페이지뷰는 느는데 제가 하는 일은 정체된 거 같아서 초조했거든요. 신규 매물이 끊임없이 업데이트되는 것도 아니고. 다른 업무 다 처내고 중개하는 것에만 몰두해야 할지 여쭤봤는데 '스토리가 담긴 일이라서 수시로 발신하는 것도 너무 중요하다, 비즈니스 라이팅으로 내가 왜 어떤 일을 하려고 했는지 글로 정리해두어야 한다'는 답변을 받았어요. 사업을 전개할 때 일을 먼저 하고 나중에 왜 했는지 스토리를 붙일 수도 있고, 그 반대일 수도 있는데 저 같은 경우 후자로 이미 스토리는 충분하기 때문에 그 부분을 탄탄하게 정리해두면 도움이 될 거라고요.

? 손발 맞는 파트너나 직원이 필요한 시점 아닐까요.

이맘때쯤이면 적어도 매물이 백여 건 있고, 함께하는 스태프가 한 명 있을 거라고 예상했어요. 그런데 아직은 당장 돈이 되지 않지만 진행하고 있는 프로젝트도 많아서 매출이 좀 더 안정적으로 자리 잡고 난 뒤에 구해야 할 거 같아요. 사실 인턴으로라도 여기서 일 배우고 싶다, 돈도 필요 없다며 연락하는 분도 계시는데 그거는 말이 안 되고요. 조만간 아르바이트 형태로 시작하더라도 집에 대해 남다른 시각을 가진 분과 함께하고 싶어요. 전공은 중요하지 않고, 제가 생각지 못한 부분을 짚어주길 바라요. 제일 필요한 건 공인중개사로서 저와 지역을 나누어 맡아줄 사람이지만 그게 어렵다면 자격증이 없더라도 좋은 에너지를 가지고 집을 잘 소개할 수 있는 사람을 모시려고 합니다.

또 재밌는 프로젝트를 벌인다면 어떤 일이 될까요.

이 일을 해보고 느낀 것은 '임대인과 임차인을 위한 교육'이 필요하다는 거예요. 임대인은 임차인이 왜 이런 요구를 하는지 이해하지 못하고, 임차인은 또 집주인의 입장을 이해하지 못하는 지점들이 있어요. 예를 들어 내가 임대주택을 짓고 싶다면 내가 그 일에 맞는 성향을 가졌는지, 어떤 준비를 해야 할지, 어떤 상황을 감수하거나 문제 제기해야 할지 등등 소상공인 교육이 있는 것처럼 한 번 알고 넘어가는 시간이 필요합니다.
계약서를 쓸 때도 마찬가지예요. 공인중개사에게만 맡기지 마시고 좀 더 긴장하고 체크해야죠. 계약할 때는 가볍게 생각했다가 나중에 '이런 건 줄 몰랐다'는 경우도 많거든요. 임대인에게는 공실 없이 좋은 임차인이 오래 사는 게 제일 좋고, 임차인은 문제없는 집에 세 들어 살다가 나중에 내 돈을 위험하지 않게 돌려받는 게 제일 좋은 거잖아요. 이거밖에 없고 심플해요. 그게 잘 안돼서 문제가 자꾸 생기고요. 서로 뭘 지키고 지켜줘야 하는지 알려주는 일을 해보고 싶습니다. fin.

판을 짜는 사람들의
단단한 기획 노트

1판 1쇄 펴냄 2021년 2월 5일
1판 2쇄 펴냄 2021년 5월 1일

지은이
고선영, 김세나, 마담롤리나, 김현경, 김미래, 최경희,
오이웍스, 김영미, 버닝피치, 류예리, 신지혜, 전명희

기획·편집 | 주소은
디자인 | 렐리시 *Relish*
제작 | 세걸음

펴낸곳 | 보틀프레스
주소 | 서울시 마포구 도화4길 41, 102동 3층
출판등록 | 2018.11.26. 제2018-000312호
문의 | hello.bottlepress@gmail.com

ⓒ 고선영, 김세나, 마담롤리나, 김현경, 김미래, 최경희,
오이웍스, 김영미, 버닝피치, 류예리, 신지혜, 전명희. 2021

ISBN 979-11-966160-8-3 (04810)
979-11-966160-6-9 (세트)

이 책은 저작권법에 따라 보호받는 저작물이므로 무단 전재와 무단 복제를 금하며 책 내용의 전부 또는 일부를 이용하려면 반드시 저작권자와 보틀프레스의 서면 동의를 받아야 합니다.
책값은 뒤표지에 있습니다.
잘못된 책은 구입처에서 바꿔 드립니다.